胡立阳股票投资100招

胡立阳◎著

经济日报出版社
北京

图书在版编目（CIP）数据

胡立阳股票投资100招／胡立阳著.
—北京：经济日报出版社，2008.3（2024.4重印）

ISBN 978－7－80180－833－2

Ⅰ.①胡… Ⅱ.①胡… Ⅲ.①股票－证券投资－
基本知识 Ⅳ.①F830.91

中国版本图书馆CIP数据核字（2010）第007570号

胡立阳股票投资100招
HULIYANG GUPIAO TOUZI 100 ZHAO

胡立阳　著

出　　版： 经济日报出版社
地　　址： 北京市西城区白纸坊东街2号院6号楼710（邮编100054）
经　　销： 全国新华书店
印　　刷： 北京文昌阁彩色印刷有限责任公司
开　　本： 710mm×1000mm　1/16
印　　张： 19.25
字　　数： 206千字
版　　次： 2008年4月第1版
印　　次： 2024年4月第35次印刷
定　　价： 68.00元

本社网址：edpbook.com.cn，微信公众号：经济日报出版社

本书如有印装质量问题，请与本社总编室联系，联系电话：010－63567684

作者序

FOREWORD

十几年前，我写了《股票投资100招》一书，这本书一上市便立即出现抢购狂潮，一时之间，几乎人手一本，也因此蝉联畅销书排行榜第一名长达三年之久，创下了中国台湾出版史上的最高纪录。

这本书的内容，大部分是我过去在美国证券界服务多年所累积而来的投资理念与实战经验，当年能受到投资人的狂热欢迎，而今天也仍招招适用，证明它们最可贵之处乃在于能够经得起时间的考验。

鉴于证券市场的日新月异，我又加入了许多新的内容，以便符合最近全球的行情状况，及时提供应对技巧，希望读者能立即派上用场。

我曾经应邀在北京、上海、深圳等地演讲，每一次都得到热烈支持与鼓励。我发现，我们的投资朋友真是太可爱了，大家对股票投资不只是兴趣浓厚，而且满怀信心。今天推出这本书，除了答谢大家的爱护以外，更希望能借此抛砖引玉，带动投资大众一起来钻研股票投资的奥妙，这样，我便心满意足了。

回顾过去这几十年，在我从事投资教育工作的过程中，媒体一直对我爱护有加，他们还为我取了一些有趣的封号，由一开始在华尔街的“股市神童”，到后来在亚洲的“股市天王巨星”“股市教父”“亚洲股神”“散户保护神”“股市传教士”……实在是愧不敢当。其实，我最想做的只是一个能为大家提供正确投资观念的忠实朋友。

常有朋友说，看我的书或是听我的演讲，就好比是看了一场喜剧，既轻松又愉快。他们很佩服我总是能将深奥难懂的学问，以幽默风趣的说故事的方式来表达。能听到这样的称赞，真的是很高兴。现在当然可以保证读者们同样会以最轻松愉快的心情，一口气看完本书。也预祝你们能在“炮声隆隆”的股市战场中勇往直前，旗开得胜！

你的朋友

胡立陽

目录

CONTENTS

历年来，最受投资人欢迎的十二大理念

看图实战最高技巧

上场前快跟着我熟记这些观念

上场啰！你也可以成为股市高手

变盘的重大警讯

历年来，最受投资人欢迎的
十二大理念

第 1 招

只有“不正常”的人才能在股市中获胜

投资人问：

最近在腾讯网站以及凤凰卫视的专访节目中，都听到胡老师说，要想在股市中赚到大钱，必须要先学会做个“不正常”的人。大家起先听了觉得丈二和尚摸不着头脑，但是经过老师解释以后，连主持人都忍不住哈哈大笑并深表认同，直说大师真是幽默风趣，见解的确与众不同。过去这一年里，我和身边的朋友都想趁着在这次大涨的股市中赚点小钱，可怎么老是赚少赔多，难道真的错在我们都是“正常”人吗？今儿个能有幸在这次演讲中亲眼见到您，您如果不多教我们几招，把您的压箱宝拿出来，我们可不会轻易放您走哦！

谢谢你的夸奖与支持，能做你们永远的朋友，为大家服务，真是我的荣幸。我一定知无不言，言无不尽。

由进入华尔街的美林证券开始，到今天经常应邀到亚洲各地为大众传授正确的投资观念，解决各种投资人的疑难杂症，不知不觉竟已 30 年了。

在陪着投资朋友们征战股市的过程中我观察到，想在股市中制胜的先决条件，与人类的原始本性是恰好相克的。换句话说，你若无法抛弃过去“正常”人的想法与投资习惯，那么想在股市中成为真正赢家的机会根本是微乎其微！

投资股票制胜的先决条件就是“低买高卖”，然后在每一次的操作过程中又都要做到“大赚小赔”，请问，一个正常的人做得到吗？

（1）正常人在股市中总是“高买低卖”

“低买高卖”是买卖股票赚钱的唯一途径。但是，在经济萧条或者股价跌得东倒西歪的时候，有谁敢买股票？相反的，正常人只有在行情大好的时候才敢进场。因此，能在低档买进的人少之又少，而不幸抢到高档的人十有八九。一步错全盘错，自然会一步一步演变成“始乱终弃”“高买低卖”的投资悲剧。

（2）正常人在股市中总是“小赚大赔”

大多数的人好不容易才选中一支飙股，就害怕煮熟的鸭子会飞掉，于是赚个两三块钱就急着卖掉。相反的，对于选错的个股，却不愿面对现实，反而安慰自己说是做长期投资。

依我的看法，“根本不了解”与“无法面对现实”是投资人在股市中落败的两大主因。由于对个股不了解，股票涨了，你就会坐立难安，急着想下车。又由于无法面对现实，股票跌了，你只能硬着头皮全程参与。这不就是我所说的，正常人在股市中总是“小赚大赔”吗？

那么到底要如何做到“低买高卖”及“大赚小赔”呢？我认为只有透过机械式的操作方法最能达到目的。

我所发明的**农夫播种术**便堪称是各种机械式操作方法中的翘楚，不仅得到当时我们公司客户实际操作后的夸奖，而且更广受全球媒体的报道，甚至还称我为“股市神童”！

大家准备好了吗？就让我们一招接着一招地一窥究竟吧！

第 2 招

行情总在绝望中诞生，美梦中结束

投资人问：

我曾经是报社的记者，过去也采访过胡老师一次，只是老师可能已不记得了。我至今仍然难忘的是老师当年为股市带来了许多有趣又精彩的名言，对我们帮助很大。举例说，“不要跟股票谈恋爱”就是其中的一句。还有，“行情总在绝望中诞生”，更是经典。我就是因为学到了这个观念，在四年多前，“非典”流行期间，大家最害怕也不敢出门旅游的时候，大胆地买进了当时跌得只剩下“皮包骨”的航空股，结果证明是我这一生中所做过最正确的投资决定！

好久以前了，曾接到一位远在芝加哥的张姓朋友电话。他说最近股市虽然表现出色，可是却眼睁睁地看着股票上涨而始终不敢放胆买进。原因是，经济明明一片低迷，是谁有这么大的勇气买进股票？更想不通指数居然还能步步高升，一口气涨了接近一倍。而且同事们也个个认为，除非经济明显转好，否则股市绝无希望。所以，错过了以低价买进股票的大好机会。

其实，张先生的迷惑，正道出了所有股票迷的心声。

大多数的人都犯了一个重大的错误，认为经济不好，最好别买股票。事实上，股市总是在经济开始复苏前9个月甚至一年前便开始节节上升。换句话说，当经济最恶劣的时候，通常正是股市的转折点。

类似的情况，当突发重大利空，指数暴跌，市场陷入一片愁云惨雾中，请先冷静，要记得我曾经说过："**行情总在绝望中诞生！**"而这句话已经成为股市经典名言。

为什么呢？因为在股市中有太多嗅觉灵敏的"鲨鱼"，他们只要一嗅到"钱腥味"，就会一拥而上，你的犹豫彷徨，正好让他们有机可乘。

想想看，如果大家在家等着看报纸、电视，确定经济已经转好才开始买股票，并且还能赚大钱的话，今天走在马路上的人哪一个不是富翁?!

每次当我听到有人说："现在经济不好，不能买进"，或是"等到所有利空都消除以后，再买不迟。"我便知道他是个十足的外行。不入虎穴，焉得虎子？等所有情况都明朗以后，指数早已爬上了半天高，那我们去哪里找便宜的股票买进呢？我们应该做到在悲观的气氛中，乐观地进场。

有一天，当气氛充满欢乐，股市中万头攒动，那更要小心了，因为，我同时说过："**行情总在编织美梦中结束！**"

第 3 招

超灵验的“投资心理五部曲”

投资人问：

每次相中一只个股，接着自然会观察股价。麻烦的是，它若下跌，一定暗自庆幸没买。当它上涨，反而开始心动，几天之后忍不住去追，总是买在最高点。问题究竟是出在什么地方呢?

投资心理五部曲

投资人在考虑买进一只股票时，会经过 5 种不同阶段的心路历程，所谓的投资心理五部曲分别是：**酸溜溜、失望、生气、疯狂与**

反过来认同。如果不能在第二部曲之前及时进场买进，则千万不可再眷恋不舍，忘了它吧！

在众多投资悲剧中，“**盲目追高价**”永远是排名第一的祸首。许多投资人常常因为缺乏定力，在明知已经丧失了进场良机以后，还盲目地追涨，最后终遭惹火烧身的下场。

面对一只上涨的股票，投资人的心态变化大致有 5 个阶段，我称它们为投资心理五部曲：

第一部曲：假设投资人已选中某家股票，而当时的价位是 20 元，但基于捡便宜的心理，想等它再便宜一点时才买进。不料股票并不下跌，反而由 20 元涨到 22 元，这时候投资人的心里有“酸溜溜”的“它一定会回到 20 元”的感觉。

第二部曲：当股票由 20 元继续涨到 24 元时，投资人的心理就开始有“失望”的感觉出现，对自己没能在 20 元时买进相当后悔。

第三部曲：当股票再涨到 26 元时，投资人的心理开始转为“生气、怨恨”，他会不断诅咒这家股票的表现是莫名其妙。

第四部曲：当这只股票再涨到 28 元时，投资人的情绪就会接近“疯狂”了，他心神不宁且喃喃自语，甚至连报纸上任何一条有关这只个股的消息都不敢看了。

投资的第五部曲：也是最具决定性的一步，一旦股价再涨到 30 元，这时候投资人的情绪会突然产生 180 度的大转变。他不再生气，也不再懊悔，反而会觉得这只个股本来就值这价钱，同时认为还有再往上涨的可能，何必老跟自己过不去呢？于是，他改变主意，在 30 元的时候进场。通常准得很，**他终于在高档被套牢了！**

之所以会在30元时介入，不外乎两个原因：一个是告诉自己，就算是抢个短线，也可以赚个两三块钱；另一个原因，是被不断上涨的价格冲昏了头，错觉这家股票有涨到40~50元的潜力，现在介入，想必还有一大段差价可赚。像这种令人非常同情的例子，我屡见不鲜。

有鉴于此，若对上涨中的股票先是有酸溜溜的感觉出现，紧接着又开始失望时，那就是你最后买进这家股票的机会，一旦错过了这个阶段，你的心里已步入生气、疯狂时，多半就会做出“疯狂”的决定。

因此，奉劝大家，天下的股票多得很，何必要这么“死心眼”地盯着一家与你无缘的股票呢？

第 4 招

买股票，听太太的话准没错

投资人问：

每次听到别人买股票赚到钱，都会心生羡慕，也想一试，但我老公总是笑我不但数学一窍不通，又毫无逻辑观念，还是乖乖的在家煮饭烧菜就可以了。我听了很不服，在股市中，女人难道比不过男人吗？

首先要告诉你："这一次你的老公肯定是错了！"

一般人总认为投资股票是男人的世界，其实在股市中表现较出色的往往是女性投资人。我曾仔细观察以前的数千名客户，女性投资人的户头常常大赚小赔，表现优异；而男性投资人的成绩单却常常会令人摇头叹息。因此，在家庭内，如果夫妻是合开户头操作，当双方产生意见分歧时，**听太太的话准没错**！

为什么女性投资人在股市中会较占优势呢？一方面是由于女性对价格的"公道性"似乎有种天生的第六感，或许是因为她们在日常生活中，就常常接触到许多与价格有关的事务，日积月累，就培养出对价格的灵敏感。所以说，女士们常常逛街买东西，"辛苦"是有报偿的，男士们从此应该多加体谅。

此外，女性比较“缺乏”人性的一些弱点，如冲动、固执、好面子、没耐心和好赌。而这些性格，几乎都是男性的老毛病，也是股票投资的致命伤。举个简单的例子，某个出了问题的公司，股价由20元跌到18元，男性或许会为了面子问题，再加上赌性坚强，总是吹口哨壮胆的硬撑，等到股价一口气跌到只剩两三块钱时却又会因耐心尽失，而始乱终弃。反之，女性就没有这些毛病，很可能早已谨慎地处理掉了。

说句真心话，男性投资人若不能克服这些人性弱点，控制自己的情绪，那么在操作时最好多向女性学习。

当然，女性投资人在股市中也并非全无缺点。主要是她们总以为股票投资是一门深奥、难懂的大学问，因而懒得去做分析研究，只想打听小道消息。

还有，女性投资人天性比较胆小，在牛市中也毫无企图心。每次买股票都只是想赚点小钱来贴补家用，平白放弃了大赚机会。请注意，只有在“胆”与“识”兼备下，投资股票才大有可为。

投资股票，宁学女人

第 5 招

新手怕急跌，老手怕盘跌，高手怕不跌

投资人问：

我曾经在节目中听到胡老师说过一句顺口溜，好像是“新手怕急跌，老手怕盘跌，高手怕不跌”。在股市中，怎么会有人不怕跌呢？为什么？

20 年前我在大学任教期间，曾有十几个还在念研究所的学生，他们手中资金虽不多，但都想投资股票来赚点小钱，于是一起来找我。

由于他们平常课业繁忙，我规定他们一年只准买卖一次股票，但每次买进一定要达成“赚一倍”的目标。举例说，10 元买进，20 元才可卖出。

短短的三年多下来，这些学生之中便已经有六七人手中原本的 10 万元变成了 100 万元，而且投资还在持续顺利地进行中。

你或许从未想过，一年只要能把握住一次可以赚上一倍的好机会，一开始哪怕只有区区的 10 万元，你自己算算看，一次涨一倍，5 次就可以将 10 万元变成 320 万元了！

我们都要好好反省，每天短线忙进忙出的，浪费了多少次明明

可以赚一倍的机会?

想要成功地赚上一倍，非得买在低档不可，这样才有翻一番的机会。如果没有我的严格督导，他们不可能有坚决等待低档来临的耐心，10 万元可能早就玩完了。

股市出现非理性的崩盘，或是股价出现无病呻吟的大跌，就是买在低档的大好机会。由华尔街股市过去十年来的表现做出统计，暴起暴落的行情，总会提供给投资人大赚一倍的机会，多则一年 2 ~3 次，少则一年半之内也会遇上一次，平均一年有 1.3 次的机会。

我常常说，人人都想在股市中赚大钱，但只有在一种情况下你才可能实现梦想，那就是当股票处于暴起暴落，或是突变时刻，如果能比别人多冷静一分，逆向思考一下，就能掌握机会，大赚一笔。

所谓“高手”，正因深谙个中道理，总是等待着这种大好时机来临，所以就怕股市不跌。

下次遇上股市突然大跌，你可别又将财神爷推到门外去了！

只要你保持冷静便算是比别人聪明

第 6 招

快乐解套的秘方

投资人问：

我手中有只长期套牢股，是在“天价”附近被套住的，当时买进的价格是200元，现在正好是20元，还真是难以启齿。过去五年来，我一想到它就一肚子气，吃不好睡不着，简直是折磨。我有可能解套吗？由20元涨回到200元的机会大吗？到现在为止，还没有一个人能够回答我这些问题。谁能教我解套的秘方，我将终生感激不尽！

让我教你吧，保证从今以后你会过着快乐的日子。

所有不快乐的投资人，大都有一个共同点——满手的套牢股！最不可思议的是，有些套牢股竟是好多年前当指数是在历史高档附近买的，这么久以来一直没有卖出，现在至少都跌掉了80%！他们通常感到最烦恼也最关心的自然是要如何来收拾这个烂摊子，是该加码摊平呢？还是放着继续“长期”投资？

过去，有一位投资朋友由于常到营业厅来看盘，我对他极为熟悉。我注意到他有一阵子很不快乐，原因是手中有一只个股出了问题而跌得很惨，害得他连饭都不想吃了。更糟糕的是，他完全失去了过去信心满满的那种神采。我问他为什么不卖掉呢？他说：“已经跌这么多了，还有什么好卖的?”

但是，经验告诉我们，只要你手中有只严重套牢的个股，便会扰乱了未来整个投资的脚步：有了它，会让你在往后的其他个股投资上遇到该买的时候却因为前车之鉴而变得瞻前顾后、畏畏缩缩，而该卖的时候却又总会觉得以前都已经赔了这么多，现在赚这点小钱连塞牙缝儿都还不够呢！结果是，大钱没胆赚，小钱赚不到。心态无法平衡之下会造成一败涂地的后果。

如果手中有一些套牢股，不管是多少钱买的，我建议立刻全部卖光光。如此一来，恭喜，你已经解套了！

倘使你坚持某只个股价格已经是最低点，那也没有关系，卖出以后 5 分钟再把它买回来，但一定要经过这么一次换手动作。好的，现在又要恭喜你了，才短短 5 分钟的时间，你的成本价已经摇身一变，成为 20 元，而不是 200 元了！从此，你又回到了过去在股市中的快乐时光。

你看，这是多么的神奇，由套牢到解套，由高价位变成低成本，都仅仅是在一念之间而已！最重要的是，有了新的开始，才有可能调整脚步，只要第一步走对了，以后才会有机会由败局转为胜局。

请相信，解套的秘方只有一个，那就是——卖掉它！

第 7 招

千万不要跟股票谈恋爱

投资人问：

我的一位好朋友在股市中可谓是历经沧桑，赔得很惨。他只要买进一只个股，便会死抱不放，我们常劝他与其浪费时间去为不争气的股价表现找借口，不如赶紧换一只别的试试。只可惜他已陷入“感情的漩涡”完全听不进去。偶尔有这么一两次，当他买到了一只飙股，我们都在替他高兴，希望他能多少赚一点回来，但过不久就又要为他“走钢索”的行为捏把冷汗。他一路加码买进的动作之夸张，简直像极了在电影中豪赌的大亨。终于悲剧再度降临，股价在一夕之间反转，而“死抱不放”的应对方式又再次造就他成为最大输家！我很好奇，像他这种个性的人或许根本不适合玩股票？我们的话他听不进去，是不是可以请老师开导他一下！

你如此关心朋友，真好！助人为快乐之本，让我也来试着劝劝他。

首先我要说：你朋友在股市中的操作方式已经违背了几项基本原则。

（1）缺乏设立止损点的概念是股市输家的共同特性。要懂得认错，面对现实。

（2）向上加码必须一次比一次买得少，以避免因头重脚轻而造成全军覆没的后果！采用“金字塔”式操作是所有专家必定遵从的不二法则。

（3）长期投资可别变成长期痛苦。要随时注意投资对象的表现，病猫养再久也不可能变成猛虎！

（4）买股票只能像交朋友，合则来，不合则去，绝不能一厢情愿。

透露一个神准无比的经验法则：买进了股票后，股价连番大涨，你已经在开始计划赚到的钱以后要怎么花，又开始在恨自己怎么买得不够多的时候，股价保证很快就要回跌了。

因此，当你感觉跟手中股票的感情已经到了欲罢不能、难分难舍的境界时，就是到了该忍痛割爱的时候，因为股价当时铁定是在最高点！因此，我创作出一句名言——**千万不要跟股票谈恋爱！**

还有，在股市中我们总会见到不少人买进了一只个股以后每天便眼巴巴地等着它上涨，也不先检讨一下是不是选错了对象，便一味地想“终生厮守”。对可能不太适合的个股太过“痴情”，到头来只怕难以接受“失恋”的打击！

相中了一只个股且买进了以后，仍应保持客观、冷静，绝对不要被“爱”冲昏了头。更重要的是，当发现一切只是“落花有意，流水无情”的“单相思”时，便应及时刹车！

毕竟，在股市中还有好多好多其他的“对象”，也都很可爱呢！

第 8 招

别人每犯一个错误，都是在为你累积财富

投资人问：

我是金融公司的理财专员，有一天去拜访一家上市公司，无意间见到已贵为大老板的这位客户居然亲自在记事本上一笔一笔地记载当天股票买卖细节甚至进出原因。我虽很好奇，但当时又不敢多问。

“别人在股市中每犯的一个错误，都是在为你累积财富！”

你知道这句名言是谁说的吗？莎士比亚？在那个时代哪有股市呢？这句话是我说的！是我从在股市服务 30 年的经验中领悟出来的。

你也许会问：“要如何才能不犯错误呢？”

问得真好！事实上，30 年前，我也请教过老师同样的问题。

老师说：“在股市中进进出出除了要赚钱外，更要借机吸收经验，特别是错误经验更是可贵。在股市中只要做到‘同样的错误只犯一次’，你就会是天下最有钱的人。”因此，他规定我们一定要养成习惯，每天记录自己的买卖心得。如此，可以加深了解落败的轨迹，避免重蹈覆辙。

另外，亲自做记录更能提醒自己，总是小赚大赔地进进出出才是失败的主要原因。

曾子说过："吾日三省吾身。"投资人若能透过买卖记录，来发现自己进出股市间的缺失，就能及时修正，以免犯下更大的错误。

唐太宗则说："以古为镜，可以知兴替。"记录过去的买卖心得，更可以得知行情未来涨跌的可能模式。

现在，轮到我来要求你们做同样的功课了。说真的，我比任何人都希望你们能在股市中赚到钱！

买进					
公司	日期	数量	价格	手续费	总价
买进理由					
买进理由					
买进理由					
买进理由					

卖出					
日期	数量	价格	手续费 & 交易税	净收	盈(+) 亏(+)
交易心得					
交易心得					
交易心得					
交易心得					

每一个已经进入股票市场的投资人，都应该制作一张买卖股票的记录卡。亲自记录自己的买卖操作，可以加深了解落败的轨迹，才能避免重蹈覆辙。

第 9 招

缺乏自制力，一切白努力

投资人问：

常听胡老师说，什么时候买股票，买什么股票，其实都不是最重要。因为“买得再好，也会败给缺乏自制力的乱卖！”这真说到我心坎里去了。的确，我过去太斤斤计较，总想买在最低点，但对于卖出却是随性为之，结果经常是白忙一场！

如果能“订做”买进的时机当然是太好了，但是，大多时候我们根本无从掌握，也没有更好的选择。就如同我们不能选择自己出生的年代、背景一样，怎可能有回到股市的起涨点去一圆“买在最低点”的美梦呢？

20 年前，在一场挤得满满的演讲会场中，第一排坐着一位家里开苹果店的张先生，他一直在不停地吃苹果，又一直要我分析一只 20 元的银行股走势，让我印象深刻。我平常从不评论个股，但当天因为大多讨论币值暴升会对金融业产生的效应，因此，破例在会后提到不排除“有涨十倍的潜力”。

张先生一听，立即兴奋地表示，他经过了三个月不眠不休的计算财务比率又绘制技术图形，也认为这只个股即将大涨。听到我这么说，接着又冒出了惊人之语："别说是涨 10 倍到 200 元了，只要它能由现在的 20 元涨个 1 倍到 40 元，我家的苹果店就送给胡先生喽！"

时间一晃而过，我早都忘了这回事。一直到一年半以后，又回到同一个演讲场合，见到了张先生的几位朋友，才惊觉到这只银行股竟已狂涨到 500 元。我开玩笑地问他朋友："张先生躲到哪里去了？我的苹果店呢？"

我不禁好奇：难道他没有在 20 元时买进吗？

接着，我听到了惊人的答案：张先生真的有在 20 元时买进了一堆，只不过，他在 21 元时就全部卖光了！

你们看，再好的买进判断，再棒的买进时机，都会败给没有自制力的乱卖啊！

第 10 招

涨时重势，跌时重质

投资人问：

我在网站上看到，在线视频的主持人介绍，当今股市中许多大家朗朗上口的专业术语，像是“开高走低”，等等都是胡老师率先使用的，非常有趣！还有，“涨时重势、跌时重质”这个观念更是经典！请问您都是怎么领悟出来的？

谢谢你的夸奖！其实，在股市中，每个人都有他们不同的投资心得，我只是将其中最精彩的介绍给大家！

来自中国香港、每天总是快快乐乐、吹着口哨上班的保罗，也是以前在我办公室中一位极受客户欢迎的投资顾问。

他能为客户赚到大钱的本领之一就是敢去大胆推荐一些具备炒作题材、又有大户在大进大出的那种热门类股，特别是在涨涨不休的牛市中期。这些个股大多没有基本面，市“梦”率（Price/Dreaming Ratio）又高得吓人，属于“短小轻薄”型的小飚股。他说：“不入虎穴焉得虎子？”他的这种做法，吻合了我一直强调的**涨时要重势**！

每当行情走软或是拉回整理期间，保罗又放弃了“小汽艇”，改搭“大轮船”驶入了避风港。他诚实地说：“做我们这一行的最大矛盾是，为了业绩，遇上行情混沌不明，还是得推荐股票，这时候大型绩优股比较安全！”

这就是我提倡的**“跌时要重质”**了！

过去二十几年来，我在各种场合，的确为投资人带来了许多令他们耳目一新的投资观念，“涨时重势，跌时重质”就是其中最具代表性的一个！

第 11 招

牧羊人理论

投资人问：

我是在马来西亚一家著名的商报上看到老师的专访。您把股票投资人有趣地比喻为牧羊人，认为买股票应该像养羊一样，重质而不重量，因为最赚钱的不一定是养最多羊的人，而是能将每一只羊都照顾得很好的牧羊人。这种说法妙极了，您是从哪儿得来的这个灵感？

有一年我到英国度假，在乡下的一个迷你型牧场，认识了一位慈祥的老牧羊人约翰先生。约翰先生在过去 30 年来一直坚持只饲养 200 只以内的羊，他说："我的爱心只够分配给这么多的羊，再多我就无法一一照顾了。"

在闲聊中，约翰先生对我说："你看，前面那只羊叫做乖乖，它今天动作有些迟缓，身体好像不太舒服。左边的这只叫做小可爱，这两天特别快乐，大概是比较喜欢有太阳的天气。"总之，他对每一只依我看来长得一模一样的羊都能叫出名字，而且对它们的个别习性简直摸得一清二楚。哇！真是令人叹为观止，难怪他的羊养得这么好，每年比赛都得冠军。更值得高兴的是，我也从中得到了宝贵的启示。

于是，我在股市中不再“花心”，彻底改掉以前不看个一两百只股票不过瘾的习惯，只挑出20只股票每天仔细观察并精心研究，开始更加了解它们的不同特性。

短短的三个月后，我发现了一个大秘密——**股票原来是会说话的，只是你必须听得懂。**

约翰先生可以从羊只的表情以及肢体动作得知它们的健康状况，而我由股票的价格与成交量之间的互动可以明了它们的涨跌变化。举个最简单的例子，当同类股中的大多数个股都在上涨，而你手中的那只却是垂头丧气，它若不是生病了还会是什么？当一只个股的成交量总是有若一滩止水，股价又是病恹恹的，这显然就是得了“厌食症”了嘛！

股票每天都在向你倾吐心声，但你怎能充耳不闻老是不解风情呢？许多人平常从来不专心“饲养”，总是在既陌生又毫无感情的情况下，随便去买一只股票，这岂不是将“牧场”变成“赌场”了吗？

在股市中，每天喜欢东买一只、西买一只，然后抱着满手股票的人还真不少，但是他们哪有时间去同时照顾这么多个性迥异的对象呢？

买股票应该像养羊一样，重质而不重量

第12招
股票会说话，只是你必须听得懂

投资人问：

大约是在五六年前，我还在念大学的时候，胡老师好像是出过一套《听！股票在说话》的光盘。我记得妈妈常常一边炒菜，一边听得哈哈大笑，全家都以为她是疯了。而爸爸更是离谱，一边开车一边在听“演讲”，由于太过入神，居然忘记下高速路了。最近，我自己也在玩点股票，开始好奇，股票真的会说话吗？

听完了“牧羊人”的故事，从中得到了一些启示吗？

每次演讲，我总喜欢开玩笑地说，股票是会说话的，它说的是一种很奇怪的语言，有谁想学？没想到百分之百的人都举手了。你们看，有谁会不想知道股票每天究竟都在说些什么话呢。

其实，股票是没有声音的，它只能透过特殊的“肢体动作”来表达“会涨”“会跌”的情绪，而你必须学着去“倾听”！现在，要为大家介绍股票的三种“肢体语言”：

（1）股价与大盘指数背道而驰

当股市反映利多，指数大涨，但不幸，你“养”的那只股票收盘却是下跌，哪怕只是区区的一角钱。请别安慰自己，认为它很有“个性”。

要知道，像这种“**万人皆涨、唯它独跌**”的股票，或许已表示公司出了问题，也不排除有特定人士在借机出货。第二天大盘若只是来个小小拉回，更可能发生“**别人小跌，唯它大跌**”的悲剧呢！

总之，像养羊一样，你必须学会察言观色。股票已经在说话了，它说：“**我生病了，请勿打搅！**”

（2）成交量异常变动

你“养”的其中一只个股平常每天都是冷冷清清的只成交个一两千手，股价当然也是无精打采。可是有一天，你在盘中就突然见到一笔笔的大单不断涌进，收盘后成交量竟然异常地增加到1万多手，股价虽还只是小涨，但是它已经在说：“**我就要大涨了，赶快买进吧！**”

（3）股价脱离常轨

假若你的那只“羊”每天都在昏昏欲睡，已经有一个月的时间股价都是在原地踏步，你正在偷偷考虑“弃养”，而有一天，它突然醒过来了，而且还活蹦乱跳大涨，这又是在说什么？“**久久不动，必有大动**”！

以上三种状况是组成股票所有“肢体语言”的三大元素，只要能融会贯通，便能一通百通其中的万般变化。这么一来，你就完全听懂股票在说些什么话了！

每天都有成千上万的人在股市中进进出出，但愿意花时间去观察股票的各种表情，了解它特殊语言的人真是少之又少，实在可惜。

听！股票又在说话了！

人若生病，会先发烧，
同理，由成交量可以看出股市是否生病了

你必须知道的两项前提

第13招
股票究竟是个什么“东西”

投资人问：

我虽只有两年炒股经验，但曾经买进过上百只的个股，并且赚了一点钱。与朋友聚会时，总想吹嘘一番，但又怕露了馅。因为我除了买来卖去以外，其他一概不知，也没见过股票长什么样子，这样好吗？

在股市中，总有部分人根本搞不清楚股票究竟是个什么“东西”。对他们而言，每天买进卖出的只是一个“数字”，不是一家公司。买股票若仅仅是在买数字，便是标准的投机而不是投资了。其实，在股市中赚赔事小，因为不懂而导致无法享受投资的整体乐趣才是最可惜的事情。

那么股票究竟是个什么东西呢？

以下的例子充分地说明了股票发行的原因、过程和意义：

在美国名校获得电脑博士学位的张先生，在硅谷的创业经历便是一个标准的例子。

张先生对电脑有浓厚的兴趣，白天除了在硅谷一家电脑公司担任电脑设计工程师外，晚上还在家里不断自修，研究创新。经过一阵摸索，他终于发明了一套新颖的迷你型电脑，专供家庭使用。根据他的设计，这种电脑不但速度快，使用又方便，还具有多种功能。更重要的是，成本比市场上流行的小型电脑低廉很多。张先生在兴奋之余，便迫不及待地与他 4 位在公司服务多年的同事开会商量，研究大家合作生产销售的可能性。

张先生的 4 位同事都是公司中杰出的工程师，其中有一位已晋升公司主管市场推销的副总裁高位，但因看准这种新型迷你电脑的前程，5 个人乃决定冒险辞去高薪显职，共同创立一个真正属于自己的公司。依初步的估计，设厂生产至少需要 50 万美元。万事俱备，只欠东风，先向银行贷款，但因无抵押品而遭拒绝。最后，接受了商业律师的建议，向有关单位登记，正式成立公司，以发行股票方式来募集资金。张氏电脑股份有限公司终于诞生了。

成立以后的第一件事便是发行 50 万股股票，每股 1 元。这 50 万股普通股票也就是张氏电脑的原始股。5 个人东奔西跑，声嘶力竭地不断劝说亲朋好友，好不容易找来七八十人凑足了股本。只要购买 1 股，便是公司股东，也拥有五十万分之一的公司。张先生本人将他毕生的积蓄 5 万美元也全部投入，他立刻拥有公司 10% 的股份，也是目前公司最大的股东。

每一个创立的投资人都会收到一张股票证书，这张股票证书的右上角用很清楚的阿拉伯数字记载他们拥有的股数，这就是股票。

成立公司的第二步便是召开股东临时会，投票选举代表来负责督导公司日后的运营及管理。张氏公司初步决定从股东中选出 5 位董事来担任这项重任。首次临时会出席股东五六十人，一股一票，张先生及他的4位好友顺利当选公司第一届董事。4位董事又一致推选张先生为董事长。张氏公司的组织终于完成。

由张先生的实际故事，我们便可以知道，买股票其实就是投资一家公司，公司日后倘能蓬勃发展，投资人便可分享成功果实。投资股票虽不至于要与公司同生共死，但须具备应与公司同甘共苦一段时光的观念。以张氏电脑公司来说，公司在4年后终于达到了标准，公开发行及上市。上市之后，又因公司不断成长，股价直线上升，乐坏了所有投资大众，而越早买进股票且持有时间越久的人，自然收获越多。

第 14 招

买股票的第一目的不在赚钱

投资人问：

不久前老师在深圳会堂的演讲会中，一上台就问全场爆满的听众——买股票的目的是什么？听完老师出乎意料之外的答案后，大家简直是笑翻天了。我还是觉得不可思议，能举个实例吗？

以往我在世界各地演讲，问听众为什么要买股票，老美总是手舞足蹈，齐声高呼："Making Money！"在亚洲各地的演讲会上，华人更是眉飞色舞，响彻云霄地回答："赚钱！"利之所在，举世皆然。但是，我必须声明，如果你认为买股票只是为了赚钱，那你已经踏入错误的第一步了。

20 年前我还在美国的时候，遇见了一位刚由中国香港移民到美定居、六十几岁的老先生。他当时面色凝重地向我诉苦，美国的生活方式对他而言，简直是受洋罪。他既不懂英文，又不会开车，成天无所事事，生活枯燥乏味。我告诉他，要想改变目前情况，增加生活情趣，不妨投资一点股票试试看吧。他听完我的建议，先是一愣，但经我解释，觉得有何不可，便拿出了大约十分之一的银行存款，也就是 1 万美元投入了股市。

买进了股票之后，他的生活立刻变得多姿多彩起来了。首先，为了了解股市状况，他订了两份英文报纸，每天一大早便兴致勃勃地捧着一本英汉字典逐字摸索。一年下来，他的英文阅读能力大增。而为了收看股市交易实况转播与新闻报道，他每天总会花五六个钟头看电视，现在他的英文听力也大有长进。

最奇妙的是，由于长时间全神贯注用耳去听，居然连苦缠了他多年的老年性重听也似乎有了改善。甚至常因心情沮丧造成的食欲不振，现在也好多了。到了晚上，老先生好像返老还童似的，还急着做功课，又要计算基本分析中的一些公司财务比率，还要运用技术分析来绘画股市图形，每天从早到晚忙得不可开交。一年下来，他已是身心健康，神采奕奕，与一年前的他判若两人。

最值得一提的是，自从投资了股票以后，他对周遭所发生的事物皆异常关注。由于不断吸收新的知识，使他变为一个博学之士，每遇一些聚会活动，总见他在层层听众围绕之中，高谈财经大事，阔论国际要闻，一改往常郁郁寡欢、孤僻自卑的个性。总之，投资股票带给了他崭新的生命。

最后，总有人问，他当时投资的 1 万美元究竟赚到了多少？他是不是发财了？一年多下来，据他说，还是在学习阶段，他赔了大约 2000 美元。但是他特别补充："如果说区区 2000 美元就能使我的生活如此充实，这么快乐，买股票赚不赚钱根本就不重要了。"

各位朋友！你难道还认为买股票的目的只是为了赚钱吗？买股票的目的应该是——增加你的生活情趣！当然，如果能二者兼得，那你就是世界上最幸福的人了！

基本分析与技术分析的浓缩鸡汤

第 15 招

探研基本分析的奥秘

投资人问：

我一直记得胡先生曾经在电视节目中说过的一句经典名言——基本分析可以告诉你哪些股票具有“内在美”，而技术分析则是告诉你具有内在美的股票被发现的好时机。这个比喻真是很妙。只是，我们一群朋友可以请您进一步地指点如何快速学会基本分析吗？

任何公司能否有更进一步的发展，端视其是否具备稳固的财务基础。而基本分析的主要目的，便是帮助投资人深入了解股票上市公司的财务状况，作为投资时的重要参考。因此，分析财务比率就是基本分析最重要的一环。

相信许多人一听到有关财务方面的字眼，便头痛万分，认为是一门非常深奥的学问。的确，若没有学过会计、财务，真的很难懂。有关于财务比率计算的种类繁多，令人眼花缭乱。而我化繁为简，为大家精选出 10 种最有用的财务比率计算公式，让你每天轻轻松松花个 20 分钟做点“功课”，便能摇身一变成为专家。

最后，在评估各项财务比率之前，我要特别声明所有的比率并

无好与坏的标准答案，尤其是不同的工、商业界有不同的标准。以市盈率为例，在美国硅谷，一般科技股的平均市盈率较高，而金融股的平均市盈率又普遍偏低。但在亚洲，金融股与地产股的市盈率却又特别高，股价究竟是贵还是便宜，自需分类加以比较。投资人在计算比率时，需将所算结果与个别业界中的其他股票相互比较，才能分个高下，一味地运用死板的数字来判定公司良莠是不公平的。

十大财务比率的介绍与说明

所有的股票上市公司除了会公布季报之外，一年也会提供给投资人一本年报，这本年报除了将公司一年来的业务与公司未来发展方向针对股东说明之外，并详细公开所有财务报表，让投资人对该公司的实际财务及业绩有深入了解。

运用年报表中所提供的数据资料来分析各项财务比率，可以帮助股票投资人发掘上市公司在处理财务或是营运上的优缺，进而供投资人作为买卖股票的依据。所谓比率便是两个数字相比较后所得之比例。公司年报中，资产负债表和损益表的公开是最重要的，也是有经验的投资人最关切的部分。简单地选出几个有关数字做个分析比较，往往可以令投资人对有兴趣的公司有意想不到的发现。

有鉴于年代、行业和各地股市的衡量标准都有所不同，以下所有的理想比率皆为美国过去的流行准则，仅供大家做个参考。

（1）市盈率＝每股市价/每股税后利润

计算市盈率可得知投资大众对某家公司当时的喜好与未来的信心程度。市盈率很高的公司往往代表是热门股，很明显的，股价已经偏高。一味地盲目追买，投资人极可能铩羽而归；相反的，市盈率较低的公司有很多是所谓的冷门股，但常常也代表股价偏低，也许是捡便宜的时候。

以往在美国，一般以20为标准，高于20则表示股价并不便宜，低于20即表示股价还没有充分反映公司的利润。但是，对于许多经济正快速成长的新兴市场，或是对有些新上市而历史较短的公司，由于利润仍在不断迅速成长，投资人对未来非常看好，即使市盈率高至50～100，大家仍然趋之若鹜，股价便宜与否，在这种情况下便有待进行更深入的分析与研究。

（2）每股现金流比率＝股价/每股销售额

在华尔街，有些投资专家认为，仅靠市盈率来决定股价是否便宜有可能造成误导，因为许多新兴中、小企业，其销售额（营业额）增长极为快速但受限于固定成本较高，出现暂时性比较不赚钱的情况，为避免造成沧海遗珠之憾，可同时参考每股现金流比率似乎更为合理。

每股现金流比率是越小越好，如果比率小于1.0，通常表示公司股价便宜，对于比率大过2.0的公司，除非情况特殊，最好谨慎。

值得一提的是，通常历史悠久的大公司，其销售额数量庞大但成长缓慢，拿它们与发展迅速的中小型公司比较每股现金流比率似乎有失公正。只要多花一点时间，将公司的销售增长幅度列入考虑，自然可以提供更确实的资料。

举例说：甲公司的每股现金流比率不太理想，是2.0。可是过去 3 年来的销售额以 1 年 30% 的比率快速增长，则其**预期每股现金流比率**是 2. 0/30 ≈0. 06。乙公司的每股现金流比率还不错，是 1. 0，但是其过去 3 年来的销售额仅以 1 年 10% 的速度增加，其**预期每股现金流比率**应该是 1. 0/10 =0. 1。

经算下来，甲公司比乙公司更有潜力。许多中、小型公司其实比大公司还“精彩”，运用**预期每股现金流比率**的方法，投资人可以好好在股市中“淘金挖宝”，大显一番身手。

（3）流动比率 =流动资产/流动负债

此比率可以预知公司在短期中如果不幸遭遇财务困难其还债的应急能力。在紧急情况下，流动资产较容易出手。这个比率通常在 2 以上才符合标准。比率太低固然表示应急能力薄弱，但比率高到 6 以上也往往未必是福。公司的现金、库存等多而无用，没有扩大生产，哪能增加利润?

（4）速动比率 = （流动资产 -库存）/流动负债

很多尖端产品的库存在竞争激烈的情况下，经常贱价出手，所以价格太难预估。将其除外，便可进一步求得更标准的还债能力，此比率应大于 1，才能使公司获得保障。

（5）总资产周转率 =净销售额/总资产

总资产周转率能揭示公司经营、管理其资产的效率。

由于各类行业的结构完全不同，没有一个标准的理想比率。但只要与同类行业的平均数相互比较，便可分出高低。某公司比率若是远低于平均数，则显示投资过重，回报却太少，公司的经营已亮了红灯。相反地，比率若是高出平均数太多，则又表示投资不够支持庞大业务，公司应该积极扩张生产规模。

（6）库存周转率＝营业成本/库存

清除库存迅速表示公司销售能力坚强，产量控制得当。因此，这个比率越高越好，以大于9倍以上最为理想，但各业界间差距极大，应分类加以比较，才更恰当。

（7）税后利润率＝税后利润/净销售额

税后利润率是一家公司成功与失败的表征，一个公司的获利能力如不断成长，说明经营已步入成功之路。

理想的税后利润率应在4%～6%以上。

造成公司税后利润率太低的原因，不外乎产品价格定得太低，或是成本过高。大规模的公司在制造过程中，单位成本相对便宜，所以利润比率稍高，因此，在比较时应尽量挑选大小相仿的公司。

（8）总资产报酬率＝税后利润/总资产

资产报酬率应在10%～12%以上较为理想。

（9）长期负债对股东权益比率＝长期负债/股东权益

债务过多，一个公司所担负的风险自然较大。经济不景气的时候，公司债等长期债务的应付利息，经常沉重得令公司喘不过气来。反之，一个公司若能适度地筹集并有效地运用长期债款，远胜于不断依赖短期借贷，也更可发挥杠杆作用，事半功倍。

此比率以低于75%为理想。

（10）长期负债对总资产比率＝长期负债/总资产

此比率以低于50%为理想。

任何公司不论是长期或短期债务均不能过重，否则除了可能引发财务危机外，还会因不能再举债而坐失更佳的投资机会，逐渐走上萎缩之途。

明白上述10种比率后，投资人在做决定前，应对目标公司的各项财务比率做彻底分析，将其连续数年来的资料与另一家相同公司相互比较，研究其发展趋势后，再与整个同一板块的平均比率依上述顺序做个比较、研究，自然会得到更正确的结果。

财务比率分析比较表

比率分类	假设科技股平均比率	张三科技公司比率	评估	李四科技公司比率	评估	理想比率（美国资料）
市盈率	12.00	20.00	尚可	10.00	优良	<15
每股现金流比率	1.40	2.00	稍差	0.70	优良	<1
流动比率	2.50	1.90	尚可	3.00	优良	>2
速动比率	1.25	1.20	尚可	1.50	优良	>1
总资产周转率	1.20	0.90	尚可	2.00	优良	依各类工业平均数
库存周转率	7.00	6.00	稍差	15.00	优良	>9（各行业差距极大）
税后利润率	4%	2%	极差	8%	优良	>4% ~6%
总资产报酬率	10%	6%	稍差	15%	优良	>10% ~12%
长期负债对股东权益率	80%	86%	稍差	69%	优良	<75%
长期负债对总资产率	59%	61%	稍差	43%	优良	<50%

分析比较两家公司财务状况，李四科技公司很明显的是较佳的投资选择对象。购买股票如果全凭自己摸黑，一生辛苦积蓄泡了汤，就不能怪别人了。

说明：有鉴于年代、行业和各地股市的衡量标准都有所不同，报表中所有的理想比率皆为美国过去的流行准则，仅供大家参考。目的只为抛砖引玉，希望大家多做功课，才能挑出真正的好公司。

第 16 招

大家一起来计算财务比率

投资人问：

十年前我读大学四年级时，上过胡教授的投资学课程，感觉受益良多，尤其是那些艰涩难懂的财务分析，经过教授指点，一下子就变得容易又有趣多了。我最近已正式进军股市，想赶紧复习过去的功课，请求教授能否再提供计算财务比率的公式？

计算公司财务比率是投资人必做之功课。还好，这门功课很简单，绝对难不了你。不相信吗？以下是我们故事中的主角，张氏电脑公司的《资产负债表》与《损益表》，大家跟着我一起算算各种比率吧！

张氏电脑公司资产负债表

2005 年 12 月 31 日（单位：百万元）

资产			负债		
流动资产		**42.5**	**流动负债**		**18.2**
现金	9.5		应付票据	2.0	
有价证券	2.0		应付账款	4.1	
应收票据	8.0		一年期长期负债	0.8	
应收账款	3.0		应付费用	3.6	
库存	20.0		应付所得税	6.6	
			应付股利	1.1	
长期投资		**4.7**	**长期负债**		**25.0**
固定资产		**77.3**	**其他负债**		**2.0**
土地	0.9		负债合计		**45.2**
房屋	62.4		**股东权益**		
机器及设备	41.6		股本（面值 10 元）	22.0	
减：累计折旧	(27.6)		保留盈余	43.9	
			资本公积金	17.5	
其他资产		**4.1**	股东权益合计		**83.4**
资产总计		**128.6**	**负债及股东权益**		**128.6**

假设目前每股市价 25

张氏电脑公司损益表

2005 年度（单位：百万元）

销售收入	120.00
减：销售退回及折让	(10.00)
净销售收入	110.00
减：营业成本	(72.20)
销售毛利	37.80
减：销售费用	(16.50)
营业利润	21.30
加：营业外收入	0.80
减：营业外支出	(2.50)
税前利润	19.60
减：所得税费用	(8.70)
税后利润	10.90

		计算过程	比率
1	每股税后利润＝税后利润/发行股数	10.9/2.2	4.90
2	市盈率＝股价/每股税后利润	25/4.9	5.10
3	每股销售额＝净销售额收入/已发行股数	110/2.2	50.00
4	每股现金流比率＝股价/每股销售额	25/50	0.50
5	流动比率＝流动资产/流动负债	42.5/18.2	2.33
6	速动比率＝(流动资产－库存)/流动负债	(42.5－20)/18.2	1.24
7	库存运转率＝营业成本/库存	72.2/20	3.61
8	税后利润率＝税后利润/净销售额	10.9/110	9.90%
9	总资产报酬率＝税后利润/总资产	10.9/128.6	8.40%
10	长期负债与股东权益比率＝长期负债/股东权益	25/83.4	30%
11	长期负债与总资产比率＝长期负债/总资产	25/128.6	19.40%
12	每股净值＝股东权益/已发行股数	83.4/2.2	37.90

现在你应该相信每天只要花20分钟便能算出任何公司的主要财务比率了吧。

加油！一点都不困难！

第 17 招

技术分析的八种基本图形

投资人问：

每次翻阅股票书籍，常看到譬如“头肩底”“M 头”等术语，由于不了解，后面的内容便看不下去了。我并不想学那么多复杂的技术分析图形，只想知道最基本的，您能教教我吗？

到底什么是技术分析呢？简单地说，技术分析是将股价每日涨跌变化情形，用绘图方式（俗称画线）呈现出来，然后借由图形来判断股价的长短期走势，进而决定买进或卖出的最佳时机。

热衷技术分析的人认为，即使上市公司的财务状况、经营绩效不错，但能不能及时博得投资人的青睐，激发投资的兴趣，却很难断言。正如同一个有“内在美”的人，他的长处要何时才会被别人发掘，引起人好感，是很难料定的。而通过技术分析的追踪，就可能及时找到此最佳时机。

反之，一个看似弱不禁风的公司，却往往惹来一大堆投资人的“怜爱”，麻雀变凤凰，它的股价自然扶摇直上，这些都是基本分析会面临的盲点。

换言之，基本分析可以告诉投资人，哪些股票具有“内在美”，有投资潜力，至于应该在何时介入，就要靠技术分析来判断了。因为技术分析的精华所在，除了看股价走势之外，更重要的，是要看成交量的多少和图形是否配合。而成交量，用比较通俗的话来说，就是股市中的“人气”。成交量激增，表示人气旺盛，股票已开始受到许多投资人的注意。

因此，技术分析可以帮助你判断任何股票所受喜爱的程度，进而决定适当的买点与卖点。此外，技术分析还可以发挥一项很大的功能，就是能帮助你摸清楚某只股票的个性与脾气。如此一来，在做进出决策时，可以多顺着它一点儿，千万别跟它“冲”上了。

我曾经碰到过这样一个例子：有一只股票，它的价格持续一年多一直徘徊在20~25元。非常有趣的是，它每次一跌到20元就开始反弹，而一涨到25元便又立刻下跌，区区5元的上上下下便造就了不知多少个百万富翁，而同时也气扁了许多不信邪的投资人。

像这只股票的“怪异”特性，在技术分析的曲线图中可以清楚地看出来。因此，若有人对你吹嘘说这只股票多好多好，而他又已经从其中赚到多少多少时，价位必定已经接近25元。如果你没有参考走势图，在这个高档匆匆投入，不但赔上老本，甚至会气得发誓以后再也不碰股票了。技术分析的好处便是避免让你踏入这种陷阱。

要怎样进行技术分析呢？

很简单，过去投资人只要买一些有线形图的专业报章就可以学习技术分析了。现在有了电脑，各种线图更是唾手可得。

图上该注意些什么？只有两项，一是股价，一是成交量。在股价方面，只要将所有收盘价连线便成了线路图。至于成交量，同样可以直线代表，画在股价线路图的下方。

典型的股价与成交量趋势图如下：

观察股价与成交量的变化可以摸清楚股票的个性脾气

有了图形之后，紧接着下一步就是研判了。首先要学习观察哪一种图形正在形成，其次要知道每一种图形与股价走势的关系。

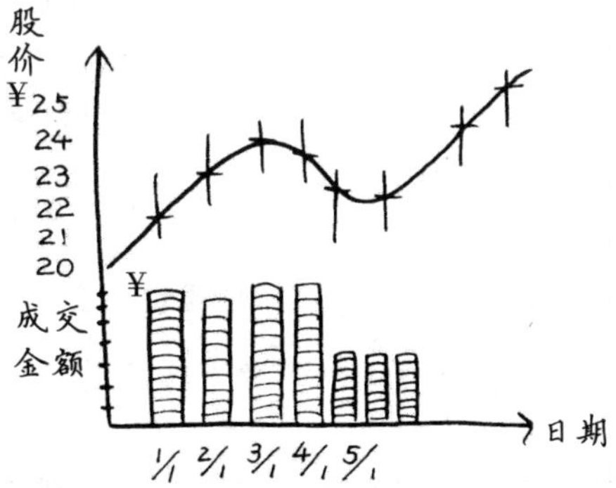

典型的股票与成交量趋势图

技术分析的图形种类看似很多，但却大同小异，现以其中最基本的 8 种图形做个简单的说明：

(1) **头肩型——不好**

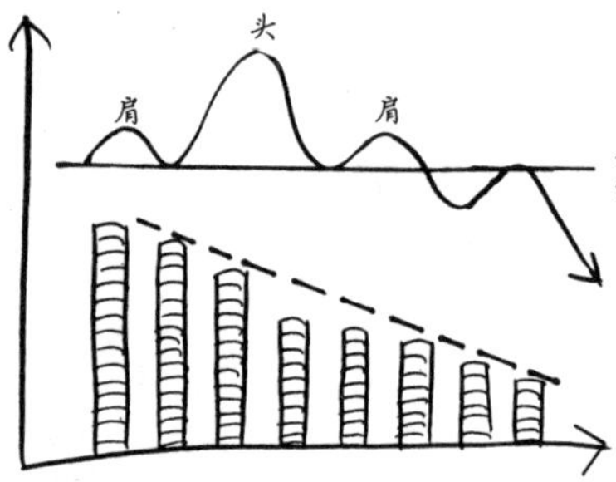

头肩型图

股价呈现一个“**山**”字型，而成交量依序渐减，是构成头肩型的标准特色。

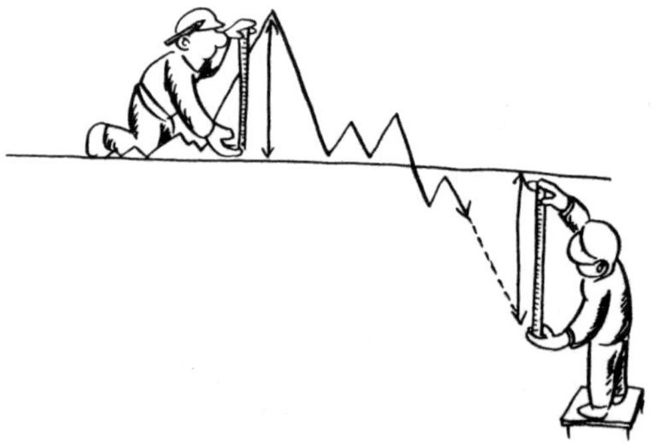

头肩型确认后的回档深度通常不会少过

原先颈线到头部的上涨幅度

股价创下高峰以后，下一波受到阻力，未能续创新高点，而成交量也显然因大家“**居高思危**”依序减少，这是典型下跌的讯号。特别是，若将两个低点（颈部）连成一条线（颈线），股价一旦向下跌破此线，而且反弹时无法攀越此线，代表原来的支撑线已转变为阻力线，股价的跌势便可确认。

（2）倒头肩型——好

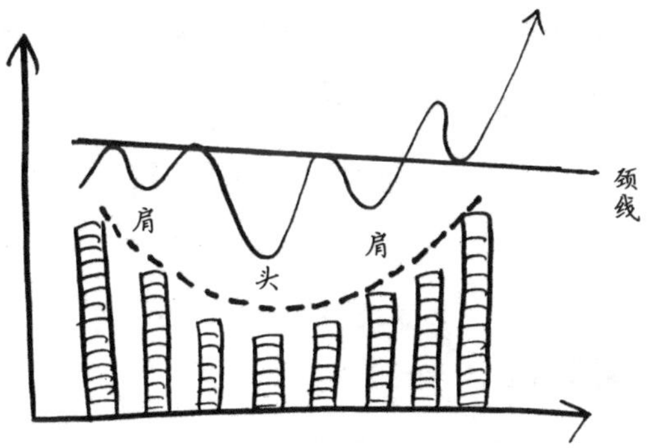

倒头肩型图

图形与头肩型完全相反，又称为“头肩底”，成交量则在股价下跌时相对缩小，而在股价力争上游时又迅速扩大。

这种图形所代表的意义和头肩型完全相反，显示股价上涨可期。

（3）双重或多重顶型——不好

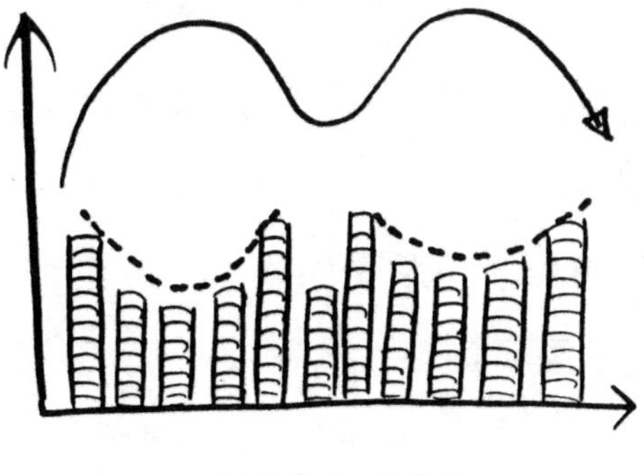

双重或多重顶型图

这类图形，有人称之为“M”字头型，我则称它为“**双峰**”。

真正的主峰并不明显，两个或多个峰的高度都相差不远，有数度冲关不成的现象。

若配合成交量图一并看，在上涨时成交量减少，下跌时成交量增加，或是向上闯关的成交量有一波比一波弱的趋势时，股价已经摆明了“我累了，要休息一阵子了”！

必须附带一提，两峰之间的距离拉得越远越能加强判断的正确性。

（4）双重或多重底型——好

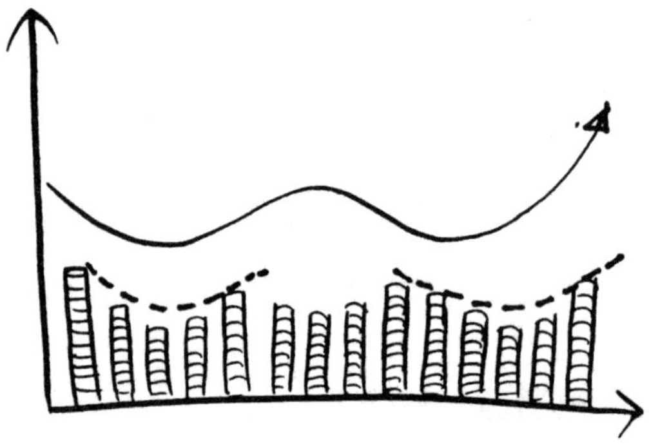

双重或多重底型图

这种图形有人称做“W”字底型，和“M”型完全相反，代表股价前程看俏。

成交量的变化图若恰与股价图吻合，即价涨量增，价跌量缩，便是典型的“W”底型了。

(5) **锅盖型——不好**

锅盖型图

股价走势呈现一个向下的半圆形，像个锅盖，而且也配合着价涨量缩，价跌量增的走势，表示股价将要下跌。

(6) **锅底型——好**

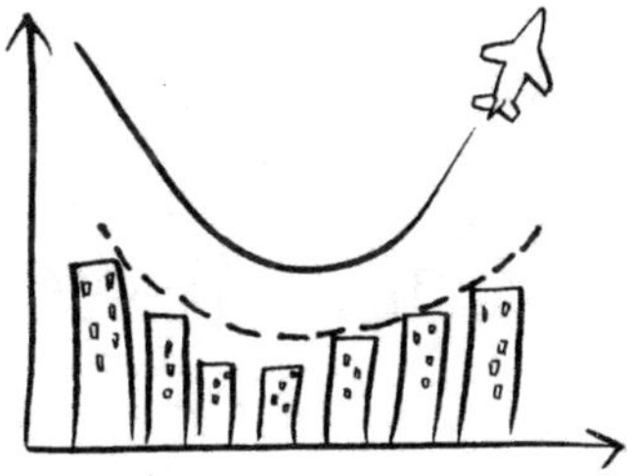

锅底型图

和锅盖型完全相反，图形像个炒菜锅底，价涨量增，价跌量缩，股价走势已露曙光。

(7) **箱型——向上突破好，向下突破不好**

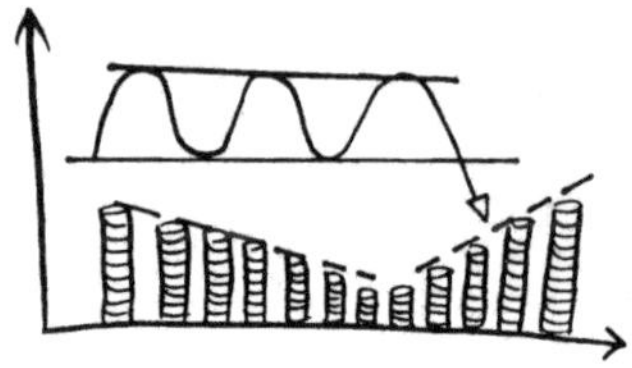

向下突破箱型图

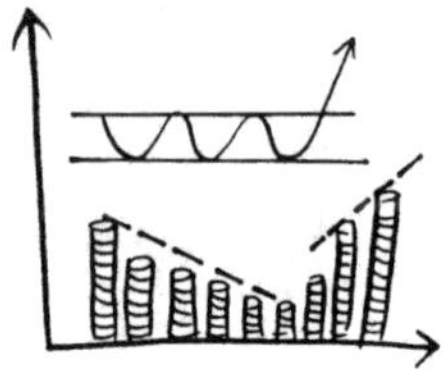

向上突破箱型图

股价一直在某一段价位内徘徊，一旦向上或向下突破，而成交量亦相对配合扩增，即表示股价会往上或往下跳入另一个领域。

(8) **三角形图形——向上突破好，向下突破不好**

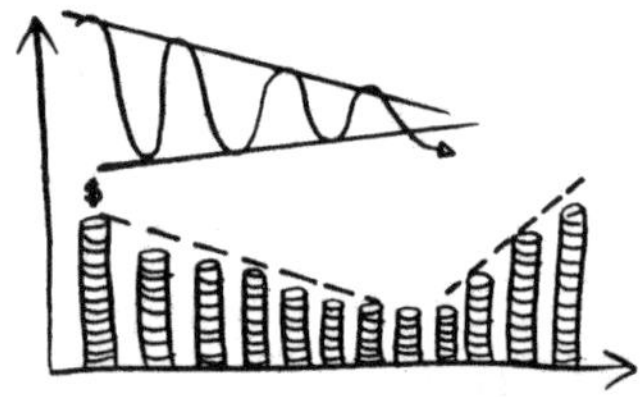

向下突破三角形

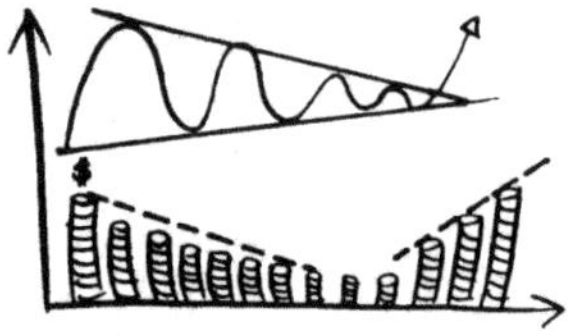

向上突破三角形

又称旗型图形。股价起伏幅度逐渐缩小，最后发展至阻力线与支撑线的交点，而面临向上或向下突破的抉择。若为向上突破，再配合高成交量，则股价将奔荣途。反之，若为向下突破，成交量又有增无减，则股价已呈岌岌可危之势。

股票线形图，就像一个人的脸，它是有丰富表情的，只是你看不懂罢了。有时候线形图在对你笑，你却不解风情，难怪老是该买不买；它在对你发脾气，你偏偏还要去招惹，赔了钱就不要怪别人了。

以上就是技术分析中的8种基本图形，已经充分显示股票的喜、怒、哀、乐。你们现在都看懂了，以后可别再自作多情，或是会错意了！

第 18 招

技术分析是万灵丹吗

投资人问：

我有一位同事每天疯狂投入股票线形图的研究，并自认为对于买卖时机点的拿捏已经达到百发百中。但是最近他离职了，原因是他在股市中赔了很多钱，已经没有心情上班。这是怎么回事？

凡是研究技术分析的人都有同感，每天挑灯夜战，在电脑中研究各种图形，终于功夫不负苦心人，有一天发现了一种意义非凡的图形，兴奋之情溢于言表。

的确不错，用心研究技术图形的人对股价的变化领悟度一定较高，观察也比较入微，因而在动荡不安的股市中，能较常人多一分判定适当买卖点的信心。但是我要奉劝大家，对技术分析图，浅尝即可，不需顶礼膜拜。

记得以前去拜访一位顾客，他是个标准的技术分析图迷，我久闻他经常“席地作画”，废寝忘食。一跨进他家门，我已有寸步难行之感，只见地上铺的、墙上贴的全是股价线形图报纸。最糟糕的是，连餐桌上、椅子上也堆满了硬邦邦的图表。在他家做客，滋味可不好受。

经过长时间的证明，他在股市中的表现，用“惨不忍睹”形容，极为恰当。在股市中，不管你用的是哪一招，切忌走火入魔。

我也曾经听过一位超级大户说，散户每天看的线都是他在盘中刻意画出来的，“W 底”的右边再加上一条尾巴不就成了“M 头”嘛。总之，爱怎么画就怎么画。他又兴奋地说，反正每天都有很多自认看得懂“毕加索抽象画”的人会来上钩。

在股市中，各种“坏人”都有，线形图参考一下就可以了！

绘画技术图切忌走火入魔

第 19 招

选股票如同选配偶

投资人问：

我有两派总是死对头的投资朋友，一派只信基本分析，另一派只看技术分析。请问，实战上哪一派的胜算较大？

投资人都知道，基本分析与技术分析是选择股票的两大法宝。但是究竟使用哪一种方法胜算较高呢？长久以来，市场上各路精英对这个问题争执不休。

基本分析派人士深信基本分析是选股的正途，因为任何公司一旦有了财务问题，投资人唯恐避之不及，哪有闲工夫去研究其他的选股秘方。

技术分析派人士则认为，公司长期财务状况与股价短期之波动扯不上太大关系，股价走势完全取决于一买一卖之间的供需，而这种供需关系在技术分析的走势图中总是原形毕露，投资人自可一目了然，何必兜圈子去寻宝呢。

此外，还有一些在股市中玩“市”不恭的“掷飞镖”派又有新鲜的看法，他们主张买股票是买未来而不是买现在，但在当前竞争激烈、难以预料的环境中，大部分公司前程未卜，今年的业务蒸蒸日上，极可能成为“明日黄花”，想用基本分析来预估财务状况？靠不住！更有甚者，单靠画几幅技术分析的“艺术图”便能预卜出股价的涨跌，简直是“看图编故事”了！他们认为，买股票，人算不如天算，全靠运气！

于是，有了这么一个笑话：某一天，三大派的掌门高手毅然赴约，准备各显神通，表演选股的本领。三方言明，以一周的时间先做研究，再各选一只股票，参加为期6个月的竞赛，谁的股票涨得最多，便是正宗股市名家。短短的一个星期间，只见“基本”派人士右手捧着会计准则、左手握着计算器，聚精会神计算各种财务比率。“技术”派人士则又是圆规又是直尺，埋首绘制各种图形。在双方剑拔弩张、大战一触即发的这段时期，“掷飞镖”派人士却悠然自得，不是逛街便是看电影，终日无所事事。

一周后，基本派与技术派均信心十足地精挑出了他们的杰作，准备正式开始比赛。这时，只见“掷飞镖”派的代表们牵出一只毛茸茸、又蹦又跳、手中还抓着一支飞镖的黑猩猩。他们将刊载着所有股票上市公司的报纸贴在墙上，请黑猩猩掷飞镖来决定参赛股票。

6个月的比赛终于在万众瞩目的情况下结束了，比赛结果着实让专家跌破眼镜。黑猩猩居然大爆冷门勇夺第一，而被它镖中的股票竟然涨了整整三倍。

这虽然只是一则笑话，但也说明了在变幻莫测的股市中，并无一套方法能稳操胜算。买卖股票，难免掺杂着运气成分，也就是因为这几分运气，使得股票投资往往扑朔迷离。

尽管如此，撇开部分无法控制的运气不谈，要想在茫茫股海中多操一分胜算，便需多做一分耕耘，广做研究是投资制胜的秘诀。

其实，将选股票想成选配偶就更容易令人理解了。选“配偶”须先通过“基本分析”一关，清楚对方财务状况，绝不可有负债比率过重现象。而利用“技术分析”来选择步入殿堂的恰当时机与地点也同样重要，要天时、地利、人和方能缔结良缘。这和选股票又有什么不同呢。

选股票如同选配偶，要天时、地利、人和才能缔结良缘

第 20 招

价量背离的三种基本形态

投资人问：

我一直到最近才听到“价量背离”这个名词，但猜得出它指的是成交量与股价之间没搭配好，需要注意。真的是这样的吗？能请老师进一步说明吗？

技术分析总是强调，股价与成交量之间应有良性的互动关系，例如：“价涨量增”“价跌量缩”就是完美的搭配。

相反地，如果出现了以下三种状况，就是典型的价量背离了：

（1）价涨量缩

股价不断创新高，但成交量却越来越少，技术分析迷当然不喜欢看到这种现象。

一般而言，最大的成交量和最高的股价并不会同时出现，比较常见的是量领先于价。量走不动了，后面的价也就跑不远了。

股票涨幅日渐缩小，成交量又每况愈下，是股票接近高点的明显迹象

我过去做过统计，飙升中的个股如果遇上这种价量背离的走势持续了2.77天（接近3天），持股信心就会开始动摇，股价随量下滑的概率大增。

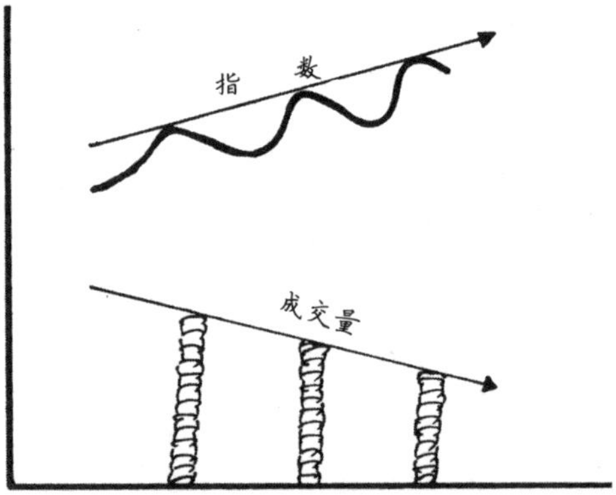

指数连续3天创新，而成交量却依次递减相当不妙

（2）价跌量增

这是技术分析中的大忌，表示股价仍处在恐慌性下跌的阶段。

由于成交量提前反映股价的走势，在出现量缩之前，股价还会动荡不安。

(3) 价平量增

这其实才是最麻烦也最常见的情况。

股市正处于狂热，某只个股成交量也随之疯狂增加，但股价却突然毫无动静，这种“落花有意，流水无情”的情形，若持续发生 2. 13 天，也是股价近顶的讯号。

接着，必定有人会问：“股价已经下跌了一阵子，未来在底部来临前，是否也会出现先期讯号?”

这是很重要的问题!

股价下跌趋缓，或是已经像睡着了一样，成交量也跟着出现了“窒息”状况，这是在说，否极泰来的机会就要来临了。

“窒息量”的定义通常是指突然出现只有过去月平均量的二分之一甚至三分之一的超小量，这代表浮额已经过彻底地清洗，股价的触底反弹时机就近在眼前了。

第 21 招

由“价量关系”来为个股打分数

投资人问：

我的理财顾问常常指点我某种类股很有前途，有时候是水泥，有时候是纺织或者是科技，叫我赶紧买进。但每当我再问应该是板块中的哪一只时，他总是说“都可以”！结果我常常选对了板块，却可惜选错了个股，常常选到的是一只“众人皆涨、唯它独跌”的可怜虫！气死我了！选股真的是要“靠点运气”吗？当我好不容易选对科技板块，但在这么一堆几十家的科技股中要选中状元，是不是比登天还难？胡老师，快指点我吧！

在一连串的演讲会中，我发现有许多投资人对“累计价量关系评分”的计算方法很感兴趣。事实上，它不但有趣，而且太重要了。

“累计价量关系评分”的计算不但简单而且方便，它是每一个初入股市之门的投资人每天必须要做的功课，轻轻松松地加加减减几下，不但可以重温小时候做算术的乐趣，更有可能帮助你在买股票时选中一只“小飙股”。

举例来说，当你决定要选择科技股，你通常是否会随便选一只？请别笑，很多人真的是如此。更有些人选了那只的原因只是“它还没有涨太多”！结果是，买进了一只永远也涨不多的个股！问题是，在这么多的科技股中，我们究竟应该选哪一只呢？不能总是靠射飞镖来决定吧！

亲爱的读者，你只需由今天起，每天花两分钟来计算一下所有科技股的“价量关系评分”，便可以得到答案。方法很简单。

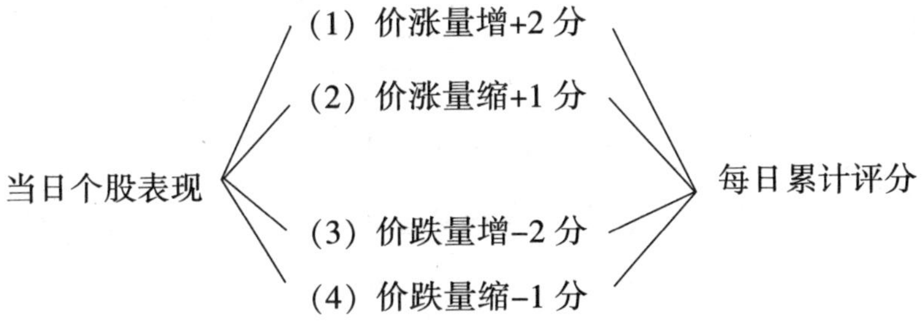

你只要连续计算一个星期，便会发现所有科技个股的累计评分都会不一样，有高分的、有低分的，有正的、有负的，当然，要以最高分或者是评分稳定增加的作为你投资的第一选择，因为那只个股具备了“价量配合”的上涨条件！

我运用这套简单的计算方法在过去的三十年中选出了许多“出类拔萃”的明星个股，而事后也证明它们的表现也的确比其他同类个股出色。

就是这么简单，快试试看吧！

下列是 A、B、C、D 四只科技股从 8 月 1 日到 8 月 5 日的累计价量关系评分表。左上角表示**当日收盘价**，右上角表示**当日成交量**，左下角是当日的价量关系评分，而右下角就是最后能找出好股票的**累计评分**了。

	8月1日		8月2日		8月3日		8月4日		8月5日	
A	57	2141	58	3144	57.5	1097	59	4122	58	3311
	–	–	+2	**+2**	–1	**+1**	+2	**+3**	–1	**+2**
B	32.1	2456	32.1	3348	32.9	5804	34.1	6149	34.3	7895
	–	–	0	**0**	+2	**+2**	+2	**+4**	+2	**+6**
C	40.5	3419	40.1	2544	39.8	3017	39.8	2958	39.6	3145
	–	–	–1	**–1**	–2	**–3**	0	**–3**	–2	**–5**
D	60	2491	60	1368	61	928	60	1021	60.5	967
	–	–	0	0	+1	**+1**	–2	**–1**	+1	**0**

现在你知道为什么我们会推荐B股而不会去盲目地选择C股了！

你自己也可以试着做做看，很好玩的！

股价走稳，量却日增，股价已近底部，要开始注意是否达到了加分的条件

看图实战最高技巧

第22招

看人先看相，看价先看量

投资人问：

我记得大约在三年前，胡老师在一家证券公司的周年庆典上有一场短短20分钟的演讲，内容好像是“由成交量连线而成的图形，是走在股价线型图的前面大约一个星期”，反正我也记不清楚了，当时只见到挤得满坑满谷的听众们个个如获至宝，掌声震耳，想必又是一招精彩绝技吧！可不可以冒昧地请胡老师再教我们一次？因为我问过好多朋友，他们似乎都说不清楚啊！

你记得没错，我曾经在演讲会中简单提过一个非常重要但却一直没有被人发现的现象，那就是——有什么“怪长相”的量，便会有什么“怪德行”的价。

早自踏入证券界的第一天开始，我便成了一个不折不扣的股票技术分析迷。我终日埋首于一大堆的价量资料中，盼望有一天也能发明一项技术分析的指标，能准确预测股市的一举一动。

往后的几年中，我对技术分析痴迷的程度，更已经到了看到起起伏伏的山脉，就会如同看到涨涨跌跌的股价走势图，看到了涨涨退退的潮汐，便立刻联想起忽增忽减的成交量。

在一次登山郊游中，我躺在山腰休息，背对着山，眼前是山下一个清澈见底的大湖，我看到了背后的山影倒映在湖水中的优美景色。我开始注意到，一片绵延起伏的山脉像极了上上下下的股价走势图，只可惜它在我背后，无法一窥全貌。但是，在湖水中它却是完全无所遁形的。我发现，它的水中倒影，像极了股价图下面的成交量能图。突然，我有了一个灵感，在股市中，现在的量应该就是未来的价所反射出来的影子，如果我想知道股价的未来，那么看看现在的成交量不就成了。

为了求证，我翻出了以往收集的一大堆股市走势图，终于有了令我欣喜若狂的重大发现。成交量真的就是股价的影子，而基于先有量后有价的铁律，只要像绘制指数图似的，每天将高高低低的每条成交量也连线成走势图，我们便可以大胆预测未来股价的走势。太妙了，我有了一个别人绝对没有的水晶球，自此以后，在股市中当然可以洞烛先机、无往不利了！

举例来说，只要看到成交量的日线图形成“倒头肩”型时，我便发现指数日线图也经常会在大约**五至七个交易日**后逐渐形成相同图形，而大盘后势自然看好。

从此，每当我在绘制成交量线形图时，一旦看到诸如W底、M头、V型底等招牌线形图时，我的心跳便会加速，经常，几个交易日之后，股价也会跟着出现一波上涨或是下跌的行情！量果然是价的一面镜子！

以往我们钻研技术分析的图形时，通常只会盯着股价的线形图看，却从未听说过有人去看成交量的长相。大家往往只将注意力集中在成交量的增减上，这是多么的浪费，多么的可惜。

现在，你已经知道深藏在我心中多年的秘密，你即将成为一个能未卜先知股市走势的大师了。

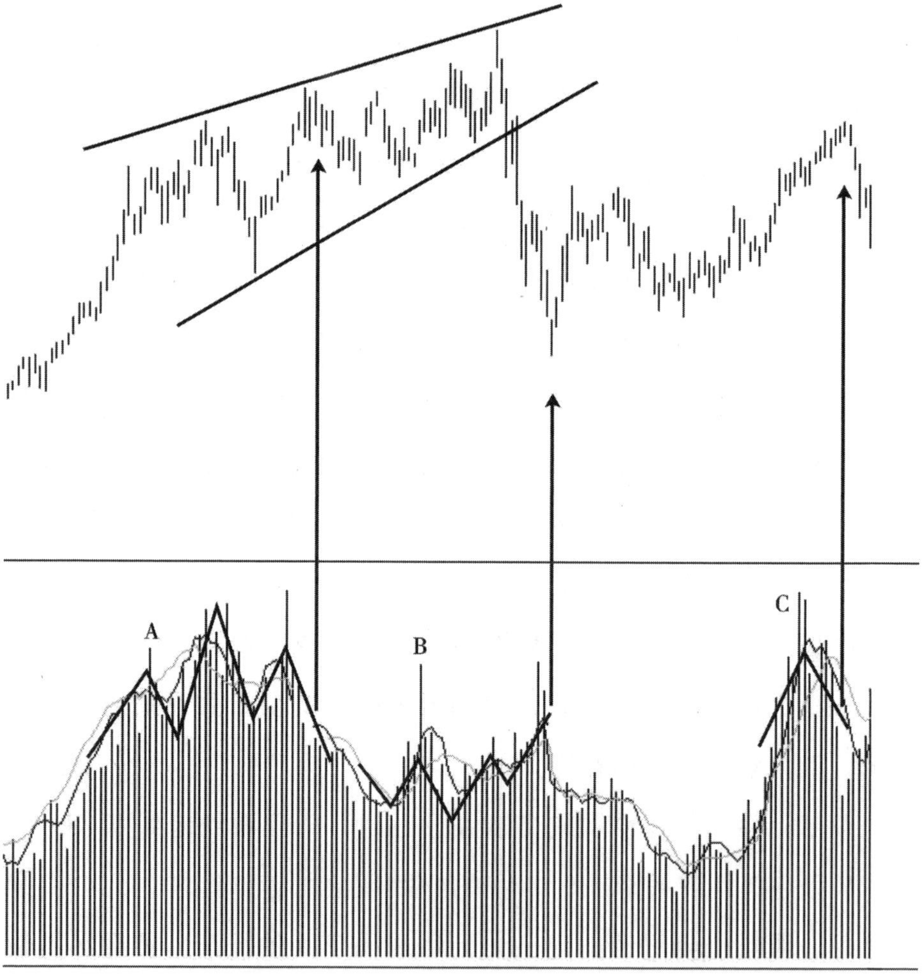

这是一只个股的股价走势图，成交量 A 早已完成“头肩顶”图形时，股价仍不知不觉！成交量 B 已完成“倒头肩”图形时，可以刚好买在股价的最低点！成交量 C 完成“倒 V 型”反转时，你又可以提前卖在最高点！

第 23 招

春江水暖“量”先知

> 投资人问：
>
> 我已经进入股市两年了，每天夜以继日地捧着各种专业报章杂志，由基本面的市盈率看到技术面的图形，好辛苦！但即使如此，到现在为止仍是后知后觉，从来没有尝到过买进一只起涨股的甜头，我太失望了，请指点迷津！

上一招我已经提过“量是价的先行指标”，没有像样的量便不太可能引发出漂亮的价。如果不信，你只消看看股价走势图就会发现，任何个股在真正飙升之前，它的成交量早已先露出马脚，出现了递增的现象。

因此，我常常对投资人说：“价”或许可以骗得了人，但是“量”却从来不会说谎。从今以后，我要你少去乱猜股价会涨会跌，多盯着个股的成交量看，那么你就非常可能连一天都不差地买到一只刚刚开始起涨的个股了。

买得早，不如买得巧！

看看任何个股的股价走势图，你就会发现，它们在起涨的当天，十之八九都伴随着一只大量，这一只大量有的是呈现“**旱地拔葱**”

型，而大多数都是出现了**大于过去6日平均量两三倍左右的量**！那么，答案是不是已经摆在你的眼前？你在第二天去买进这只个股，一个星期以后连投资顾问都要称呼你为老师了。

现在你的心跳必定正在加速，已经迫不及待地想上电脑去看图形去了，对不对？但我要提醒你，暴量的当天，若股价是以下跌做收，便不符合条件。因此，要睁大眼睛，看仔细点。另外，如果找到那种经过**两三个月以上的“干旱”**过程才冒出大量的图形，就堪称为“极品”了。这会表示所有套牢的筹码已经过充分沉淀整理，后续的爆发力自然更强！

最后，你或许会问：“出现一只大量的原因是什么？”我的答案是：“不知道！”也许是大户因为某种消息而先下手为强；也有可能是主力在偷偷进货。总之，我们没有必要去乱猜，内心谢谢他们就好了。

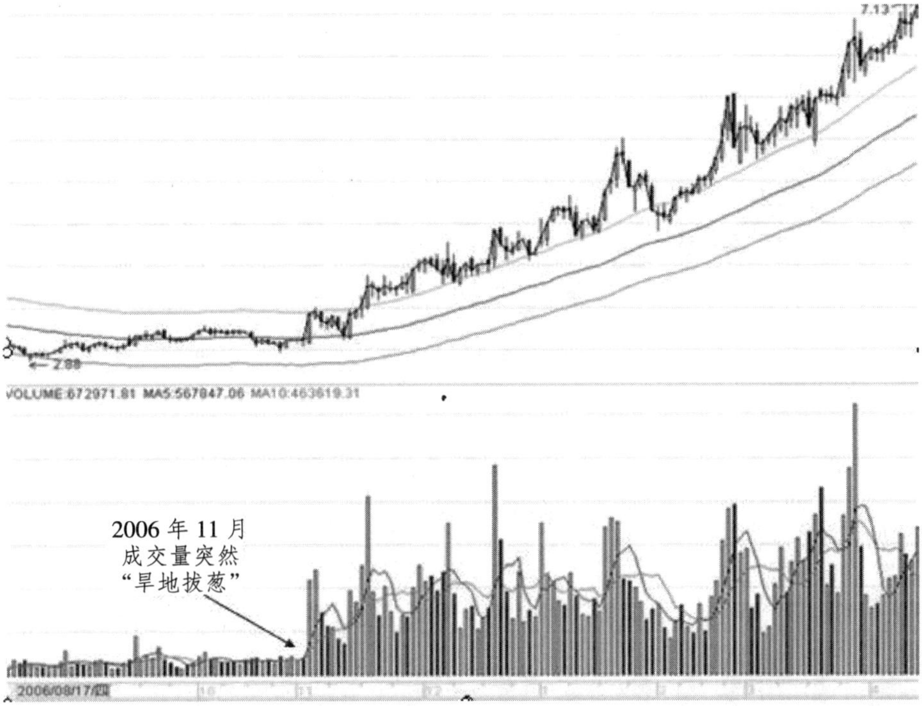

说明：2006 年 11 月，这只个股突然冒出了远大于过去“6 日平均量”5 倍以上的大量，下面几天的成交量也呈现逐日递增的现象，符合了起涨股的条件。对懂得看图形的人来说，这根本就是在送钱嘛！

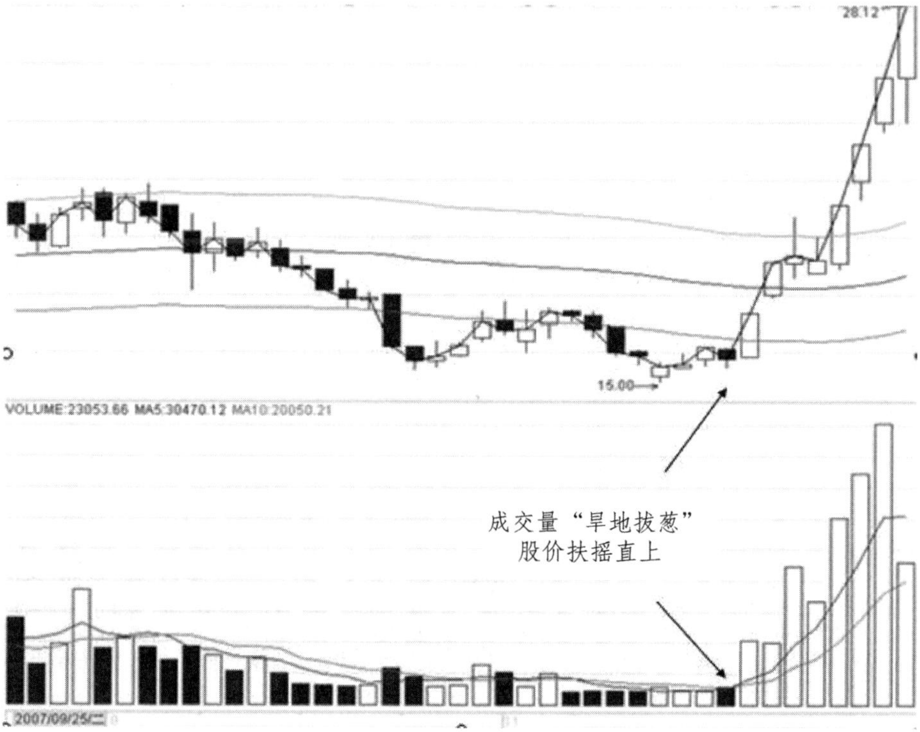

说明：在长期一片沉寂的交易中，突然出现有若“旱地拔葱”的成交量，往往是要急涨的前兆，这里，买进的投资人真是快乐得不得了。

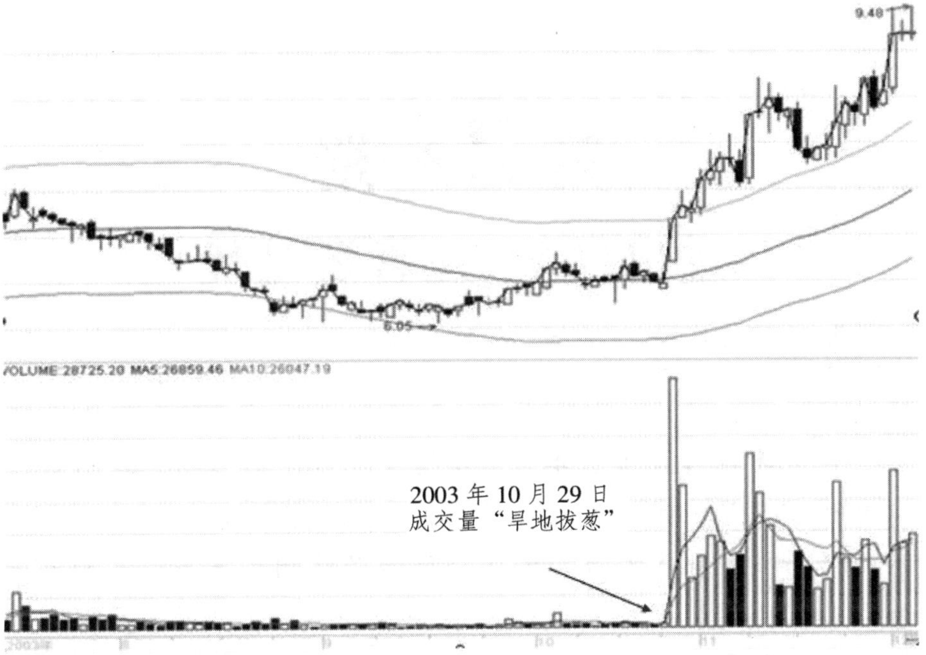

说明：2003年10月29日以前，这只个股的成交量每天光秃秃的，就像是在沙漠中一样。但自从那天以后，沙漠中竟然出现了一片绿洲，在这么肥沃的“土壤”中，连股价也因受到滋润而茁壮。

第 24 招

迸出巨量，是喜还是忧

投资人问：

我才投入股市三年多，平常天不怕，地不怕，就怕股市迸出巨量。因为直觉告诉我，一旦大盘出现天量，就表示各路投机分子都来报到了，风险必然相对提高。再加上朋友们都说什么“量大成头”，巨量之后必定暴跌，于是我都在当天立即三十六计走为上策，但往往又少赚了好几只涨停板。究竟量大是喜讯还是警讯？以后再遇上又该如何应对？

上涨中的股市一旦爆出巨量，那紧接着的两三天，涨势通常会放慢脚步，但是你千万不要紧张，更不要杞人忧天地认为“量大成头”，立刻逃之夭夭，因为巨量之后的几天，反而是股市的安全期，股价为什么不可能再上一层楼。

根据长期观察，巨量之后的两三天，股市会骤然来个 360 度反转而下的机会极小。因此，投资人在来势汹汹的巨量之后如果不想加码，也至少应该保留那些表现突出的个股几天，静观下面几个交易日中是否能出现更强、更大的量，将股价“冲”得更高、更远。

我们在海滩边观看浪潮便会发现，在每一个如排山倒海般的巨浪扑过后，水面总是回归一段短时间的宁静，紧接着，这股大浪在冲到沙滩边后会多少带来一点“回档”力道。在股市中，前进的巨浪就是买盘，而回潮便是卖压。只要了解这种现象，股市在巨量之后，涨势即使稍稍转弱个一两天，其实都是正常现象，不需太过敏感。

至于行情能否继续冲高，便要看有没有前仆后继、一波比一波高的大量来先化解一波又一波的回潮卖压，进而将股价不停地向前推了。

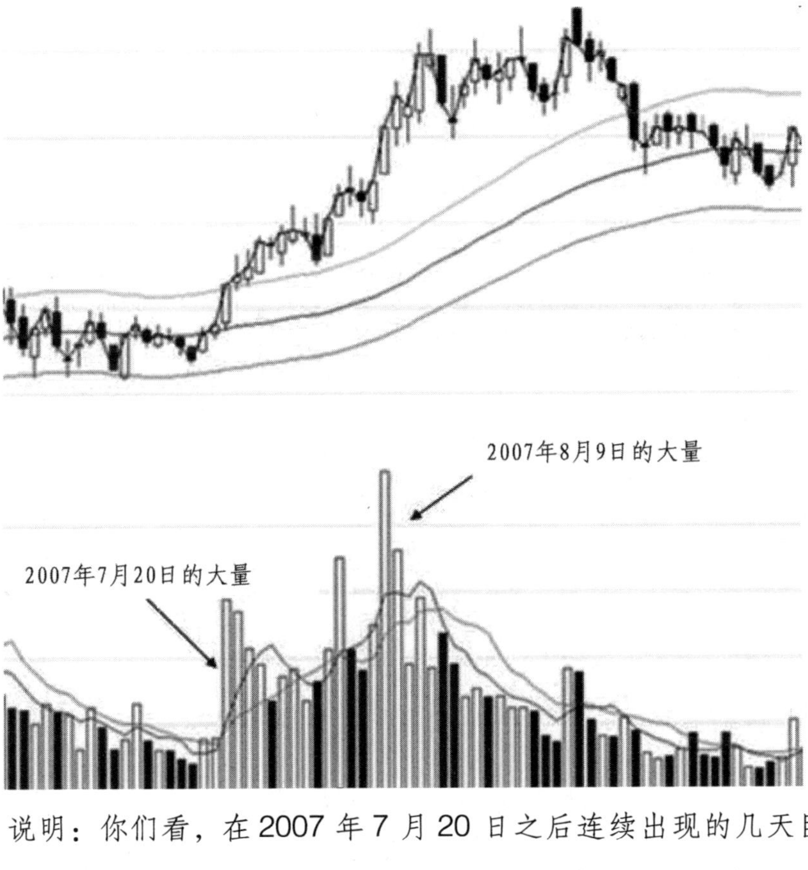

说明：你们看，在 2007 年 7 月 20 日之后连续出现的几天巨量只会把股价越捧越高而不会带来危机。即使是在 8 月 9 日出现了 48 万手的“天量”，下面的两三天仍会是股价的安全期。

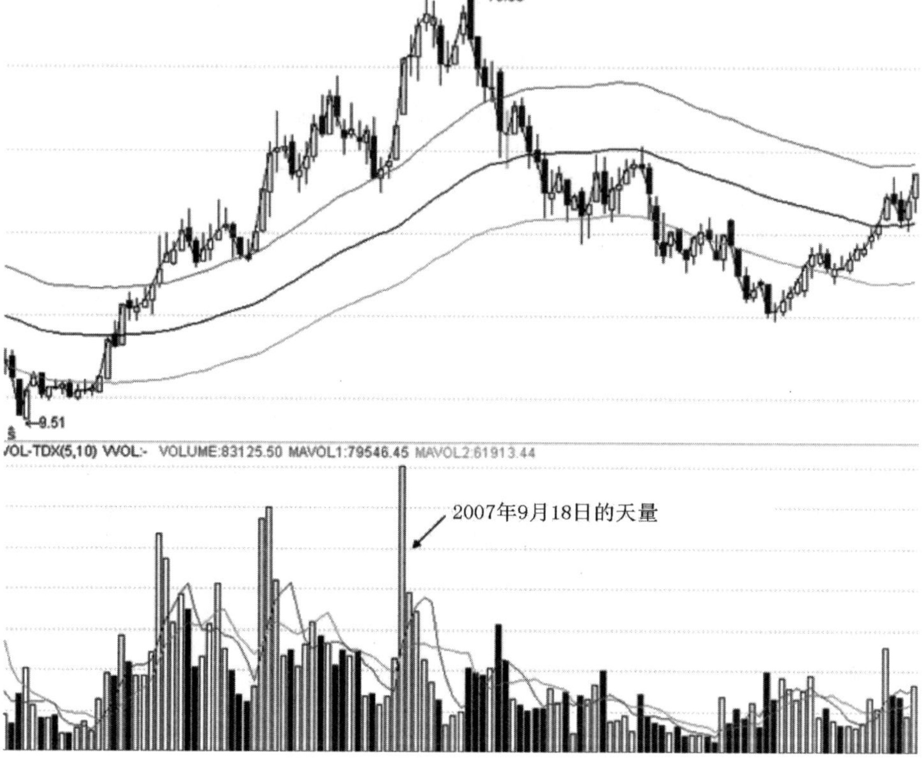

说明：2007 年 9 月 18 日，这只个股在迸出 35 万手天量之后的几天，股价仍力争上游。因此，“天量”并不可怕，可怕的是在 10 天之内没有更大的量来支撑。

第 25 招

量能退潮连十天，小心回档在明天

投资人问：

上次胡老师在清华大学演讲时说，股市出现巨量之后的两三天是大盘的安全期。我在这几个月观察到，还真是如此，相当惊讶！但是请问，难道巨量和行情一点关系都没有吗？巨量出现的两三天之后呢？能否请老师公布答案？

以往我从未公布过这个发现，深怕你们学会以后，就再也不来听我的演讲了。呵呵，好吧，让我来告诉你。

我常常比喻，当你看到一艘在海中行驶的船，就要联想到——载负重荷的那艘大船就是股价，一望无垠的海水就是成交量。要随时记得大船能够顺利航行，完全是受惠于海水的支撑。这也就是说，没有了量就绝对没有了价，想想看，龙困浅滩的景象。

再来看看“水涨船高”这句成语，就更能够举一反三。没有一波比一波高的涨潮成交量，哪能造就出一波比一波高的股价？你曾经在海边数过波浪吗？你知道在涨潮过程中，一个大浪过后，要经过几个小浪才会有更大的浪出现吗？两个大浪的间距若是越拉越远、越隔越久，便会表示涨潮已近尾声。而久盼之后所出现的大浪若又比前一波的大浪小，就会表示已经开始退潮。成交量出现退潮，必定会牵引股价下跌，很少例外。

经过多年的辛苦统计，我早在25年前便有了关于价量之间互动关系的重大发现。我发现，在一只巨量出现之后的**10个交易日**之内，若没有及时出现更大的量，那么便表示“量能潮”极可能已由涨潮转为退潮。你们已经知道，量是价的先行指标，再不卖不但没有高价，还往往会沦为一路逃命的难民。

最近几年，因为应邀演讲，我接触到了亚洲各地的股市。我经过长时间的观察又发现，现在这个关键的10**个交易日**在亚洲普遍有缩短为**5**天的趋势。这或许是大家喜欢做短线所造成的现象吧！

答案是不是已经出来了？下一次当你看到巨量时先别紧张，等到在它出现后的5天到10天左右，要是还没有更大的量来越过它，才需提高警觉！

再附送一件礼物：通常在真正飙升中的股市，两个大浪之间的平均间距是3.25天！

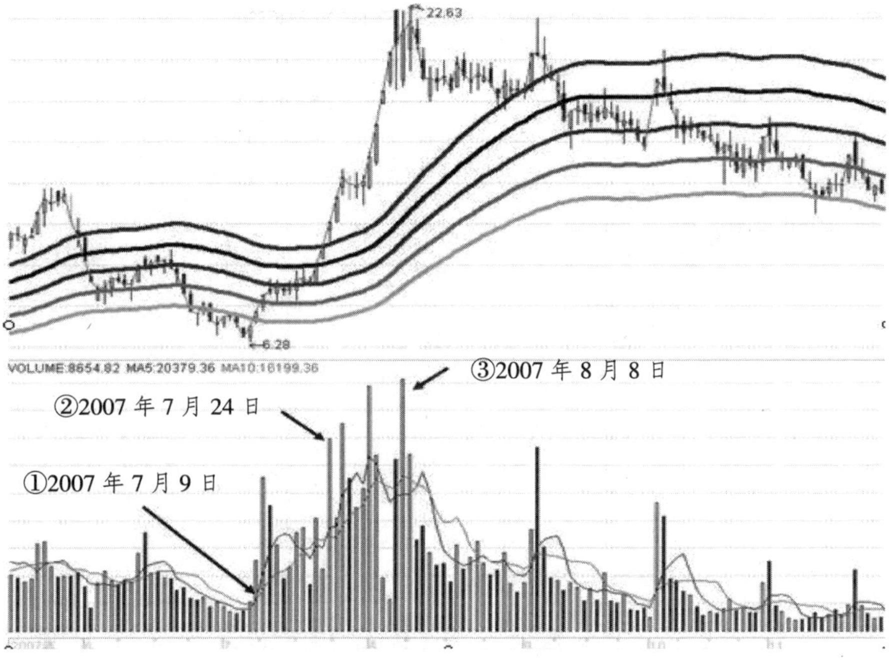

说明：从这只股票在2007年7月的走势图可以一次领悟“10日理论”的重要性。7月9日当日，①突然迸发出大于6日均量2倍以上的交易量，股价也随之飙升。②第10个及其后来的交易日，又迸出更大的量来把股价推向高峰。短短的一个月，股价也从6.28元涨到22元到23元之间。在最后一个天量③的10天后，因为没有更大的量来接力，量能潮已经显示退潮，随后股价也开始走向疲软。

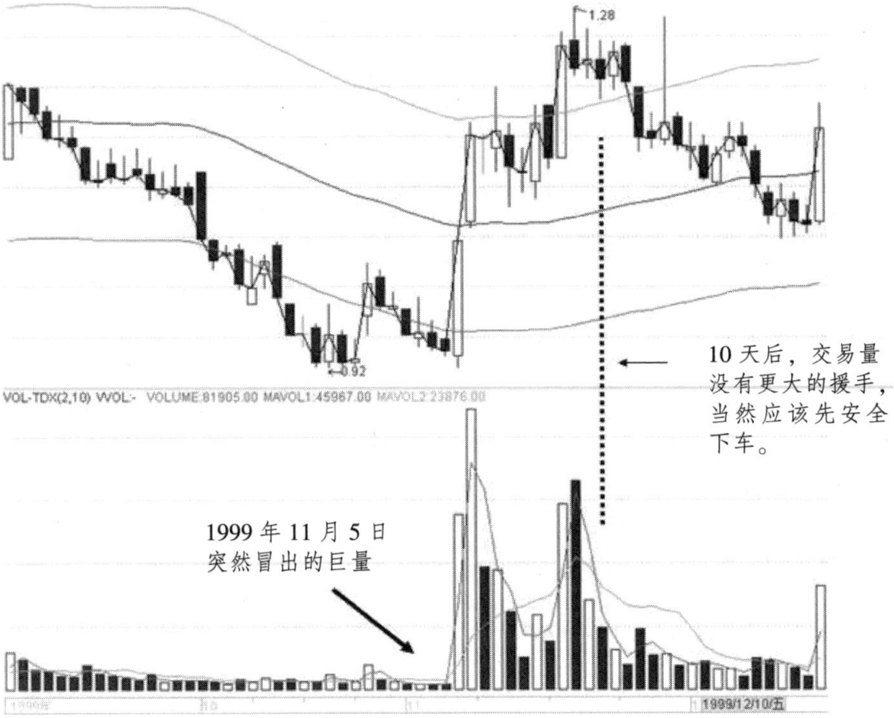

说明：这只股价的走势图非常清晰地印证了“量能 10 日退潮理论”。1999 年 11 月 5 日，风平浪静的水平面上突然涌出一个巨浪，在其随后的 10 天里，股价也不断创出新高。10 天后，因为没有更大的量来接手，股价便也和新高说再见了。

（第 23 ~25 招股价技术图形及“说明”由胡震生提供）

上场前快跟着我熟记这些观念

第 26 招

“赔钱很伤心，赚钱更痛苦”，这种人不适合买股票

投资人问：

我自从半年前买进股票之后，就开始失眠了，躺在床上，脑海里浮现的都是活蹦乱跳的股价数字。胡老师，我是否太神经兮兮了？涨也怕、跌也怕！

每次演讲，总有投资人问我，如何判断自己适不适合涉足股市。我的答案是：“当你得知买进的股票又跌停板时，赶紧去照照镜子，如果有气色败坏、眼睛发红的现象发生，快请教专家，也许你已经买得过量了。不过，要分清楚眼睛究竟是发红还是发黄，发黄是肝炎，应该去看医生！”相信听众在哄堂大笑之余，应该有一点心得。

我常开玩笑地说：“投资人在买股票之前先去照一张相，而在进场三个月以后，再去照一张相。”比较这两张相片。如果在未进场之前，你是英姿焕发、一副泰然自若的样子，而在进场之后却变得蓬头垢面或是精神萎靡，那么，我可以断言你与股票无缘，继续找找其他的发财路子吧！

股票起伏乃天经地义不可避免之事，但如果你无法忍受下跌的打击，心情恶劣至“吃不下饭”，这可是亮黄灯。反之，股票大涨，又引起你患得患失，心情紧张至“睡不着觉”，这可是亮红灯！还是把钱摆回枕头底下吧。

你适合投资股票吗

第 27 招

珍惜你的第一直觉

投资人问：

我只是个平凡的家庭主妇，买卖股票常凭直觉，成绩也很不错。但我的老公却很不以为然，老是嘲笑我很没学问，只会乱买乱卖一通。依我看来，我的天生直觉远远胜过他的犹豫不决！老师，您也认为我只是侥幸碰对的吗？

这其实是一件很邪门的事情，但由不得你不信。

通常，当你买进某只股票后，转眼之间就产生了“该死，为什么买它”的念头。这时，建议你赶紧去卖掉。因为，根据多年来在工作中的观察，这种投资人的第一直觉常常是十分灵验的。

相反地，如果你一卖出某只股票，心中马上兴起一种后悔的感觉，那么，不管一切，把它买回来吧！

很多人都听过我的膝盖常常在股市大跌的前夕会隐隐作痛的故事，事实上，这可能也是一种直觉吧。根据医生的说法，当我们处在极度忧虑状态，大多数人会感到头疼，也有些人会造成眼睛不舒服。对我而言，极度担心股市，大概就是引起原本就受了伤的膝盖又开始闷痛的原因了。

还有，我曾经有一位超级大客户，事实上是一对中年夫妻，他们在股市中一直合作无间，而投资的成绩更是人人称羡。

他们的操作方式极为特别，通常，都是由太太亲临现场来下单买卖。

先生表示，他太太在什么时候该买、什么时候该卖的直觉比他敏锐十倍，而且总是对多错少。但是，他补充：买卖股票若只靠直觉，而全不顾及理性层面，也常会因方向偏差而造成“赢小输大”的结果。

因此，夫妻总是各司其职。他的工作则是完全由实务面来分析投资对象，并且要冷静抓出行情是涨是跌的大方向。

总之，在股市中，由于“直觉”的千金难买，有不少人遍研有关书籍，只为寻找这种感觉。而我也注意到，女性投资朋友在买进、卖出之后，那种瞬间产生的“第六感”真是灵敏，可别浪费天赋哦！

第 28 招

有“第一手”资讯，才有“第一手”决策

投资人问：

我总是认为公司的财务报表或是业务报告，在对外公布之前，主管、大股东、会计师、编辑、法人机构，甚至连刊物印刷员都可能提前知道，上报之后更是万人皆知。参考这种“二手”资料还能做出“一手”的买卖决策吗？

买卖股票，要能捷足先登才可胜人一筹，这是金科玉律，但如何能做到呢？

当然，各种不同的传播媒体，包括报纸、电台、杂志等都会有专家们对行情做各种分析、评估，而各有关单位或上市公司，也都会定时发布公司的各项营运状况及财务报告。这些经过整理的“二手”资料，的确到处都是，可善加利用。

问题是，光靠这些二手的资料，便能稳操胜券吗？以季报为例，上市公司公布的只是前几个月的营收与资产负债情况，那已经不是新闻了。更重要的是，这些报道已是人尽皆知，其价值当然已打了折扣。

所以，如何能快人一步地取得第一手参考资料，是一门大学问。

这里有一则真实的笑话：我认识一位股票迷，发明了一套“数汽车原理”，专门用来决定股票的取舍。

这位仁兄的做法大致是，在买进一家公司的股票后，便每天到公司的停车场去数数汽车，看看员工汽车数量是增加还是减少。如果发现公司人员的汽车数目不断增加，则表示公司业务蒸蒸日上，需要扩充人马。而主管的座车若越换越气派，便代表公司有赚头，高级人员奖金多，买进这种公司的股票要不发财也难。

反过来说，一旦发现公司人员的车数日减，就是到了股票应该出手的时候了。

有一天，他像往常一样，一大早就到公司停车场“报到”，猛然发现车子一下子少了三分之二，使他大惊失色，料定公司发生了罢工或其他意外，于是十万火急地把股票全部卖出。但令这位仁兄大惑不解的是，卖出后股价仍然连日上涨。后来经他打听，才知道原来那一天是公司在连日加班后特别补假一天，只有三分之一的人值班！

这虽然只是一个笑话，但所代表的观念——想尽办法追求第一手资讯，却是正确的。

又如，报纸上一有公司的招聘启事，就应该主动分析是公司流动率太高，留不住人？还是公司运营正渐入佳境，急需添增人手？这些都是收集第一手资料的途径。

此外，多阅读一些世界各地财经报道，也可让你比别人早一步洞悉如国际油价走势、利率变化、产业动态等讯息，这些也都算得上是第一手的资料，可以帮助你做出“第一手”的买卖决策。

要想尽点子搜集第一手资料才能获胜

第29招

好好利用“新闻指标”来选择个股

投资人问：

平常工作忙碌，只有在周末才有空阅读报章杂志。最近才注意到，在证券版常常有一些“专家票选明星股”或是“投资分析师预测行情”的专栏，但总是怀疑它们的可靠性。我认为天下没有白吃的午餐，再加上有连续两三次发现根本不准，现在已经完全不看它们了。我的这种态度对吗？会不会有点以偏概全？

票选明星股专栏确有它的参考意义，只是你必须学习如何去运用它。请听我说！

许多报章杂志在周末都会有所谓专家**票选明星股**或是**名家谈行情**的报道，如果你懂得如何正确运用这项资讯，便会发现它其实还蛮管用的！

但是，可千万别误以为这些专家们有多厉害，或是认为他们所票选出来的个股一定会是神勇无比。因为根据观察，一般这些专家的准确率也不过只是一半一半而已，而这便已足够了！这话怎么说？我们举个例子吧：当专家一致认为行情一片大好，周一便会是一个赚钱良机。怎么赚呢？很简单！在大家都看好的情况下，再透过媒体广为宣传，如果行情依然毫无起色的，这岂不是可以在股指期货市场及时布下空单的大好良机？你必须要等这种机会！

如果推荐的是个股，而它也表现得很出色，我建议，即使买进也只能酌量，而且一定要跑得比别人快！**一个人尽皆知且被一致看好的股票通常都跑不远的，因为，大家都已经坐在轿子上了，要靠谁来抬呢？**

反之，当所有专家一致认定某只个股应敬而远之时，你赚钱的机会便有可能要来了！在周一的盘中，如果这只“可怜虫”反而表现得有板有眼，成功消化了庞大的卖压，会代表“利空”已经全然出尽，股价将开始自谷底反弹，这当然是个买进赚大钱的良机啊！

很多投资人对专家的预测不是完全不睬便是百分之百言听计从，相当极端，这都是不对的！你应该利用这类资讯来做个反向的观察，任何人只要能巧妙做到“**人弃我取，人取我施**”的投资最高原则，自然便会是股市中的最大赢家！

现在你该知道周末的这类股评专栏是个聚宝盆了吧！

噢！差点忘了提，许多投资人都经常问我，听到了“内幕消息”，某只个股即将涨到多少多少钱，手很痒，可不可以跟着捞个便宜？

我的回答是：“**连一个小小散户都听到了这种‘消息’，不但不可以买进，对手中已有持股的人而言，反而是提供了一个赶紧下车的信号！你们知道吗？旧金山原来是称为金山的，当大家都知道有金矿的时候，它就变成了旧金山。**”

股市中是绝对没有圣诞老人的，请你们相信！

股市中没有百发百中的专家

第30招

“高学历”不等于“高获利”

投资人问：

我很想投入股市，但同学却常浇我冷水，说我平时脑筋不够灵光，成绩又不好，怎么可能会有胜算？请问胡老师，学问不高的人在股市中真的注定是个输家吗？我好气馁啊！

其实，学历越高学问越好的人在股市中的获胜率不见得越高，有时甚至赔得比其他人都惨。

以往，我有好几位明星大学商学院的顶尖教授客户，他们由于太了解经济不景气的事实，精打细算下会自然地拒绝提前捡便宜的良机。他们总是以逻辑学或是科学的角度来研判行情，殊不知，股市的变化经常莫名其妙且不合逻辑。

更有些学问渊博的人，因为知道得多，顾虑就越多，胆子变得很小，股票才不过涨了一个停板，往往就坐立难安，被挤下车来，平白错失了大赚一票的机会。更糟糕的是，学问越高深的人越容易对自己的判断过分自信，从来听不进别人的建议。

我曾经有一位客户，是股市中的常胜军。他每次买进股票以后都能保持心平气和的一贯态度，真的做到了长期投资。这比起一些博士级的投资人每遇上经济出现小状况，或消息面稍带敏感，就惊天动地般地以为天要塌下来了，简直有若天壤之别。

有一天他跟我说：“千万别称赞我，我是一个连高中都没有读完的人，既不懂深奥的经济理论，更不想去了解复杂的市场波动，但我认为你讲得很有道理，**从高空看海，一片风平浪静；在岸边看海，只见波涛汹涌**。买进了一只好股票以后，少去盯着它看，少去受乱七八糟的新闻面影响，放它个一两年，会有好收获！”听完他的话，我顿时感到无地自容，因为他不知道连我自己都经常“讲是一套，做又是一套”。

亲爱的投资朋友，或许过去我们都自以为是，想得太多，而把原本极为单纯的股票投资变得太复杂了。

高学历的人投资股票的胜算不一定高

第31招

会生金蛋的股票怎可轻易拱手让人

投资人问：

我父亲比我早投入股市好多年，他老是说自己吃过的盐比我吃过的饭还多，听他的准没错。我们每次交换操作心得，他也都给我不少正确的指点。可是，好几次我选了一只股票，真的涨了几天，父亲便叫我赶快卖掉，他认为“有赚就好啦，不要太贪了”！但事后证明，每次都是卖得太早了。现在，我对他的卖出建议开始有点犹豫了。

很多人在决定卖出股票时，所持的理由仅仅是“因为我已经赚钱了”。这种想法绝对错误！卖股票，应该要卖“因为我没有赚钱”的股票。任何股票还在上涨的过程中，为什么要急着卖呢？

这虽是一个很浅显的道理，但也许有人会不同意。用个最简单的比喻，大家就可以理解为什么赚钱的股票不要急着卖了。假如你的牛肉面店今天开张，生意兴隆，上门顾客源源不断，你难道会说已经有的赚了，明天就把店给卖了吗？当然不会！除非有一天情况改变，顾客不再上门时才可能考虑关门大吉。卖股票，也是同样的道理，一直在上涨的股票求之不得，怎能轻易脱手呢？

但是，一般人的做法，却常常是买进股票后一上涨个 5 毛钱或者 1 块钱就急着卖出，而且还欢天喜地地大肆宣传一番。结果，几天后，股价说不定已上涨了 10 元以上，这时只有干瞪眼的份了。相反地，他们对于赔钱的股票，却有无尽的耐心等着翻本，每天宁愿愁眉苦脸地过日子。

因此，卖股票的理由一定是要“这只股票展望不佳”，或是“这只股票表现太差”。千万不能用“已经有赚了”来作为卖出的理由。

了解了吗?

会生金蛋的股票怎可轻易拱手让人

第 32 招

买股票也要讲求缘分

投资人问：

进入股市已经有一年多了，到最近才发现有一种现象，那就是有些股票怎么买就怎么赔，每次操作都很不顺手，好像中了邪一样。相反地，有几只股票对我就比较友善了，几次买进卖出下来都小有赚头，真是难以解释！

卖出一只股票的第二天，立即见到股价大跌，那种“卖对了”的成就感常会令你喜不自禁，感觉走起路来都有风！你是否有过这种经验？恭喜你！

但你若“移情别恋”，从此不再理睬这只曾经对你有过恩惠的股票，往往会遭到惩罚，这可就不值得同情了！

假设你在 50 元时卖出了一只股票，股价没多久就掉到 40 元，内心必定高兴万分，对不对？然后你又将资金转移到别的个股上去了。几天后，你不经意地注意到，这只曾经被你“抛弃”了的股票又回到了 50 元，你的感受会如何？你根本是“白卖”了嘛，你什么便宜都没有占到！

能在高档卖出了一只股票，证明你走对了脚步，但没有在低档把握机会再及时捡回来，你的脚步就又乱掉了，而且必须自问当初卖掉这只股票的动机是什么？许多人都懂得高卖低买的道理，但是总是在“高卖”之后又去寻找“新欢”，反而放弃了近在眼前可以“低买”的“旧爱”！

我早已发现了这个**秘密**，那就是会让你赚钱的股票总是那么几只，怎么买怎么卖都对！你与他们相当“投缘”！何必老是“舍近求远”地去追求那些与你既不熟悉又没有缘分的股票呢？

怎可将与你投缘的股票弃之不顾

第33招

谁说卖掉后的股票不能再买回来

投资人问：

每次卖出一只股票之后就再也不想去看它了。或许是老天在惩罚我的“花心”与“绝情”，这些被我“甩掉”的个股十有八九日后都还是涨个不停，令我痛心！不是说“好马不吃回头草”吗，我该怎么办？

不少投资人常有一个错误的观念，认为已经卖掉了的股票，若再买回来，未免“太没面子”了，因为这表示你原先卖出的判断有问题。

通常一个人在卖出股票后，就一心希望股价立刻下跌，最好是那家公司第二天就关门大吉。但若不跌反涨，则会伤心不已。以后股票涨得越高，心中便会恨得越深，怎么可能有再买回来的心情？

投资人必须认清，股市中挣的是钱，不是面子！当初决定获利了结，代表至少你的买进决定是对的。如果卖出后它还继续涨，就该以全新的心态来面对，忘掉过去，用平常心来重新判断它是否仍有涨升潜力，如果有，别觉得不好意思，再把它买回来吧！

总有90%的投资人会出现心理障碍，不会再买回自己已经卖掉的股票，这真是大可不必的。卖掉的股票，谁说不能再以更高的价位买回来，因为这只是另一次的投资而已。

我记得有一位投资人，在某只股票由30元开始上涨时介入，不久后便卖出，但又再度买进，如此反复进出不下十余次，一直到股票涨到90多元为止。“错错对对”，这只股票还是被他连啃带咬赚了个饱。

第 34 招

股市的三大悲剧

投资人问：

我先生平常用钱非常谨慎，就连买股票也不例外，常常为了区区一档的心中预设价位而错失了买进的大好时机。本来他的这种个性与我井水不犯河水，但最近由于他常常要我帮忙下单才引起了不小的争执。他总是将买进价位挂在根本买不到的低档，害我白忙活一场。这两天更是因为他坚持要挂进便宜一档的内盘价而没有买到一只后来连涨三天停板的大热门股，事后居然还把脾气发到我身上，怪我手脚太慢，没有把握时间！请您评评理好吗？

过去，也常常遇到会为一档价位而争执不休的客户，当然我能了解你的感受，让我来劝劝你家老公吧！不过请切记，千万不要为了股票投资而争吵，划不来的，好吗？

要断然做出买进或卖出股票的决定确实还真不容易。但是，既然已下定决心，可千万不要斤斤计较区区一两毛钱，要用市价来进出。

以买进来说，我注意到有些投资人在与自己内心一番交战之后，终于决定敲进。可是，就在下单挂进的一刹那，居然欲进还退的又临时决定抢个一档便宜，但万一因此买不到而错失了发财良机，一定会有“**偷鸡不着蚀把米，常使股友泪满襟**”的感慨。

假设现在有一只股票的申报价格是：买进报价80元，卖出报价80.5元。除非你是抱着可买可不卖的心情，否则若不以**市价**挂进也应以80.5元的**外盘价**下单。

日后假设股价跌到了70元，请问你会非常在乎当初是以80元或者是80.5元买进的吗？

如果为了省点小钱，以80元下单导致空手而归，因小失大，以后看到股价“**上了月球**”，就只能天天“**举头望股价，低头恨自己**”，真是悲惨啊！

好了，抄笔记的时间到了，股市中有三大悲剧：

(1) 举头望股价，低头恨自己

(2) 买到了“万人皆涨，唯它独跌”的股票

(3) 卖掉的旧股上涨，换进的新股下跌

悄悄跟你们说，这题考试一定会考的！

“万人皆涨，唯它独跌”的股票早卖早好

第 35 招

股市中不可原谅的“六连错”

投资人问：

我才踏入股市就摔了一个大跟斗，有一只股票我不小心买在高档，撑了一阵子以后，忍痛卖出，它却又反转向上，我等于是卖在了最底点。您说，气不气人？

这位朋友，老实说你的情况还不是最惨的。因为，听起来，你只犯了两个错误而已，比起许多人在不知不觉中一连犯了 6 个错，你是幸运多了。

这 6 项错误依序是：

（1）在高档没有卖出满手持股

（2）在高档反而大买特买

（3）在低档没有逢低买进

（4）在低档反而被挤下车了

（5）在低档被洗掉了后居然还去做空股指期货

（6）到了高档才又翻空为多，又回到第二项的错误买进循环

严格来说，要连续犯下这 6 项错误并不容易，但还是有不少投资人全都“做到了”！

仔细分析这6项错误之后，我觉得只有第一种情况值得原谅，因为大多数的投资人并不知道哪里是高档！但是，如果您接二连三将紧接着的下面5项错误一一犯完，那就请不要再将过错推给什么“股票根本碰不得”或是“都是听别人乱讲才买”的了！因为，即使是乱听说才买进股票，您顶多也只犯一项错误而已啊！

任何人在买进股票之前都应好好熟读这6项可能发生的错误！当你发现已经犯了第一个错误以后，便要立即悬崖勒马，以防陷入一错再错的连环错之中！

一错再错，实在不值得原谅

第36招

“捡便宜”可别反成“捡破烂”

投资人问：

在支配金钱上，我是个非常谨慎的人。举个例说，我只会等到百货公司在打折的时候去大肆采购。因此，同样的东西我总是买得比别人便宜。办公室同事都对我这种自制功夫羡慕不已，并且建议我进军股票市场，替大家“复仇”，因为他们从来没有捡到过任何便宜。终于，我进场了！想知道此后一年我在股市中的“辉煌”战果吗？在永远把持不追高，而且只在股价拉回之后才去捡便宜的原则下，10次中我就“中奖”了8次，而且这8次都是全程参与了股价的“一路跳楼大甩卖”！简直太不像话了！同事一致推派我为代表来请教您这个问题，责任重大啊！

我见过不少投资人，他们不但谨慎而且极具自制力，懂得不追高的道理——无论个股怎么狂飙，他们都毫不动心，因为生怕会接到最后一棒！但是，尽管如此，到最后他们仍是大输家，这究竟是为什么？

以实例说明：当个股由50元一路飙升到100元的过程中，王小姐虽然好几度都忍不住想在100元附近买进，但都由于个性谨慎，不愿追高而打消了念头。这种投资态度及策略其实极为正确，因为只要运气欠佳，谁都可能买到最高点！当然，眼睁睁地看到自己注意已久但一直没买的个股天天涨停板，那种滋味就好比在炎热的夏天，只能望着别人吃冰淇淋，而且是从头看到尾。这简直是种酷刑！所幸王小姐的自制力极佳，她坚持不追高的决心丝毫没有动摇！

一个月后，股价终于开始拉回，由最高峰盘旋了两个星期的100元跌回到了90元，而且停了好几天。在“受尽煎熬”苦苦等候了这么久以后，王小姐除了庆幸自己的正确判断，没有在最高点的100元买进以外，她更兴高采烈地下单以每股90元的“低价”一口气买了10手。但不幸的事发生了，股价又开始天天下滑，一转眼便由90元跌到了80元。当然她又以捡便宜的心态再加买了5手！问题是，股价却是越买越低，十几天后，竟然跌回到起涨点的50元。股价这般走法已经将王小姐气得对买股票完全失去了信心！她觉得自己发挥了高度的耐心才终于等到了回档，但仍落到目前严重套牢的下场，真是灰心透了！

其实，在股市中，有太多人都犯了同样的错误，认为个股在回档的时候便可以开始大捡便宜了。依我的观察，在“大起大落”阶段的股市中，我们宁愿“追涨”而不去“追跌”！因为，当一只飙股一旦不再风光而开始走软，往往是即将暴跌的前兆。“怎么上就怎么下”是这类个股的最佳写照！

通常在一只个股开始回档整理的初期，反而是最危险的时刻，千万不要认为是捡到了便宜！特别是有大户穿梭其中，炒过了头的个股，它的整理期会相对加长，在没有经过一段股价“直直落”而成交量"急急缩"的漫长打底过程，最好敬而远之。

在华尔街服务期间，我便遇见过一只曾经风光了一年的超级热门股突然当头碰上了利空，股价竟然由198元跌跌停停地摔到了一年以后的5块钱。你们知道有多少人一路都在"捡便宜"吗？**"捡便宜"反成了"捡破烂"**，真是有苦说不出！

整体而言，股价的拉回分"短暂休息"与"长期整理"两种，如果不懂得如何分辨，那我劝你赶紧参考第23招的"春江水暖'量'先知"，在值得注意的攻击量尚未放出之前，千万别又因手痒去捡便宜了！

捡便宜最怕捡到破烂

第 37 招

“放暑假”与“年底”行情

投资人问：

四年多前我在一场演讲会中听到胡老师说股市即将“放暑假”，劝大家多看少做，结果在当年 7 月和 8 月间行情果然无精打采，令人昏昏欲睡。当时我是第一次听到“放暑假”这种说法，只觉得是老师的风趣幽默罢了，直到最近报章杂志也常常报道“股市放暑假”的现象，令我不禁好奇想知道股市会“放暑假”的原因。另外，每年的年底，股市似乎总是涨多跌少，这又是怎么一回事呢？

经过长期的观察证明，我发现股市确有所谓“放暑假”与“年底行情”，只是这两种行情所带给投资人的却是截然不同的感受。因为，“放暑假行情”表示股市会表现得无精打采、懒懒散散，大家当然无利可图。“年底行情”则总是张灯结彩、喜气洋洋，投资人都会非常开心！

在暑假中，投资人的杂事可多了，不是忙着陪子女考试，便是四处旅游，简直是分身乏术！至于一些公司的大老板可就更忙碌了，许多国际间的业务交流会议都是选在暑假期间举行，他们个个都成了空中飞人！既然大家都在东奔西走、忙这忙那，投入股市的心思少，那行情就不容易热了。

此外，6、7、8 月又常会是股市的除权旺季，弃权卖压也会冲淡行情。所幸，9 月份一过，暑期便会结束，一切又逐渐恢复平常，股市又会因人气的再度回笼而重现朝气！

等到年底一近，那状况可是全然不同了！除了有所谓的法人年底做账行情之外，年关接近时，大家都难免想多赚一点钱。老板们会担心没钱发红包，员工们也会担心给压岁钱时口袋空空，总之，人人都有多赚点钱的压力，注意力就自然会转到股市上去了。当大家都很专心投入，那指数岂能不涨？由于各大基金流行在年底美化账面，因此，华尔街也常有“年底行情”（Year－end Rally）呢！

知道了造成“放暑假行情”与“年底行情”的原因之后，我再悄悄告诉你一个小秘密——**一年之中最适合买进股票，胜算也较高的月份经常是落在 12 月以及 1 月。**

为什么呢？我要让你自己去思考答案了。

与其在开市以后和一般人一起争先恐后排队抢高价，倒不如在假期前先“买个股票好过年”

第 38 招

“常赚”不如“大赚”

——成为“股神”的秘密

投资人问：

我常常听到一些分析师总是在吹嘘自己操作功力已经达到炉火纯青的地步，似乎每一次都是在最低点买进、最高档卖出，简直是百发百中嘛！我虽不全信他们的本领，但内心不免好奇，股市中真的有人具备神乎其技吗？那么10 次买进中至少要对个几次才够资格称得上是高手呢？

相信大多数投资人都会希望自己能练就一身“百发百中”的功夫，每买必赚，再不然，获胜率也要在八九成以上。但是，这可能吗？

公司客户中，排名第一、最会赚钱的“股票大王”，你猜他平均获胜率是多少呢？以他连续 5 年的买卖记录逐笔计算，发现也不过是每买 10 次，平均赚个 3 次都不到！

有人会问，平均获胜次数这样低的投资，怎么会赚得到钱呢？很简单，关键就在于他所赚到的 3 次，每次至少都有 50% 以上的报酬率，有些甚至是数以倍计的大赚，而买错了的 7 次，大多能控制在小损失的范围之内。

其他的客户却恰恰相反，好不容易买对了一次，就欣喜若狂地急着卖出，事后还敲锣打鼓地向亲戚朋友吹嘘一番；一旦赔一次，便是痛赔，常把以往赚的全都赔光了！**赚钱的时候“中途下车”，赔钱的时候“全程参与”，唉！**

因此，成为一个真正“股神”的秘密，就是不要去斤斤计较每一次的买进都非赚不可，而是要尽量提高“大赚”的程度。

真的，**胜败的关键根本不是在获胜的次数！**

第 39 招

止损——与没有缘分的股票说再见

投资人问：

我是一个已经退休的老师，不能只靠“吃老本”度日，想要在股市中学习理财。我对投资股票的要求不高，只希望能多少赚一点就可以了，但是绝不能赔钱。我每次把这么一个小小的要求跟客户经理说，他们却都当作是笑话一样流传，难道我的要求过分了吗？

以前，我的一些同事也同样会对客户的这点“小小要求”嗤之以鼻，但这是不对的。因为他们不知道去教育投资人设立**止损点**的重要与益处，反而只一味地讥笑人家输不起。不过请注意，在股市中可以经由控制来做到仅仅小赔，而没有所谓的“绝对”不能赔！这个道理你能理解吗？

在买进股票的同时，先行设定一个必须忍痛卖出的底限价格以防不测。万一股价走势不如预期，碰到底限时应毫不迟疑地卖掉它。一个真正的股市高手在买进任何股票之前，早已在心中拟妥了将来股票涨跌的应对措施。

大多数人在买进股票后，总是异想天开地往好的方面盘算：如果涨个5块钱，可以买套新西装；万一涨个10块，可以好好摆上一桌满汉全席了。真的，很少见到有人会预先为赔钱做个打算。

为了预防因股价往相反的方向走而不堪损失，在买进股票以后，自己要依经济状况先设定一个**停止损失点**的价格。例如，20元买进，以向下10%的18元为停止损失点，万一股价不涨反跌，一旦跌到18元便立刻出手。但请记得，出手后要离场观望至少两三天，别又立即换股操作，再度陷入不对的买进时机。

一般人最常犯的毛病是，就算设了止损，临到关头却舍不得去执行，总是自我催眠，认为明天就会出现奇迹，现在卖掉，就没有任何希望了。你们看，这就是“知易行难”，也就是为什么有这么多人总是满手烂股票的原因。买股票设立止损，就好比是开车绑上安全带一样，不怕一万只怕万一。

一个无法履行止损的投资人，已明白暴露缺乏自制力的弱点，在充满陷阱的股市中，“钱”途实在堪忧！

当然，你们必定也很好奇，为什么是设定10%的止损而不是5%或9%？

我指导过来自世界各地、各式各样的投资人，得到一个结论，10%是他们愿意接受亏损的最大限度。以20元的买进价为例，18元会是最后下车的关卡。

另外，我常说，买股票也是要看缘分的，对那种一买就套，让你伤透心的个股，就是与你无缘，早点跟它说声再见吧！

股票表现若与预期相去太远，不要犹豫，忍痛割爱吧

第40招

止盈——卖出上涨中的股票要有方法

投资人问：

我在股市中有三年经验，是的，三年痛苦的经验。由几十次的进出成绩显示，我永远只是小赚大赔，这一次好不容易赚个两元，下一次立刻就赔上八元。我老公说是我命不好，八字与股市相克。是真的吗？还是只因为他不想要我玩股票才胡说八道？

我见过太多人因为舍不得设“止损点”而大赔，又因为不懂得设“止盈点”而少赚，但却从来没有见过一个投资人纯粹是因为“命不好”才小赚大赔的。就这么一次，请不要相信你的老公！

好了，止损可以防止大赔的方法已经懂了，现在就快来研究一下为什么老是会犯下卖出太早的毛病而注定“小赚”。

对于上涨中的股票，为避免过早卖出，一路上，向下设定10%的止盈能有意想不到的收获。

如果你的运气很好，刚买的股票已经一口气由20元涨到30元，这时候一定会心乱如麻，不知所措。到底该不该卖出呢？卖出后会不会又继续涨到40元？不卖，万一股价一下子跌回原点了怎么办？

唉！原来赚钱也是会令人苦恼的。

设立止盈，是解决这个两难局面的妙方。

你可以在心中算计好，万一股价由 30 元回跌了 10%，也就是拉回到 27 元时，便立刻落袋为安。如果股价继续往上涨，你心中的卖出点也应依 10% 的原则而一路提高，如此一来，便可免除患得患失的心理了。

设立止盈的妙处是在防止投资人犯下太早卖出的毛病，这样的操作，才有大赚的机会。在过去的多头行情中，许多法人大户经由我的指点，使用止盈这套方法，遇上了一只个股由 10 元飙升到 30 元时还能高枕无忧，一路抱到 100 元以上才“依依不舍”地“止盈”掉了。

不管是设立“止损”或“止盈”，贵在知行合一，只要确实执行，你也可以成为一个永远都是“大赚小赔”的快乐投资人。

第41招

人人都会买股票，会卖才是真本事

投资人问：

我是某大学证券投资研习会的会员之一，我们都是定期聚会来交换股票投资的心得。在会中大家总是挖空心思研究如何买进才能大赚，却从来不讨论若遇上状况，如何卖出。每次我一提议，他们就说我太没志气，引来一阵嘲笑。在研习会中的“英雄”永远都是那些喜欢吹嘘自己在股市中是多么敢冲锋陷阵的人，像我这种人根本没有发言的机会。我之所以会如此“胆小如鼠”，是因为天天听在股市中屡战屡败的老爸诉苦，他被只买不卖的个性害惨了，因而常生奇想，假如我们将研究的重点摆在“卖”而不在“买”，或许就能以退为进地赚进所有“只会买不会卖”的人的钱，那岂不是发了？

哇！你问得太好了！才小小年纪，就已经能指出许多股市老手的盲点，我很惊讶！想听听我的看法吗？

会买？会卖？谁才是真正的高手？

在初担任投资顾问的几年，我对那些很敢买股票而且似乎每买必赚的人简直是佩服得五体投地，觉得他们一定是天赋异禀！相反地，对那些买进股票一看苗头不对，二话不说拔腿就跑的客户则是完完全全懒得评论，因为总觉得他们太过紧张，大概是股市的“新手”吧。

但是，在工作久了之后发现“我错了”！原来那些“敢买的、会赚的”顶多只是一时手气很顺罢了，他们很多都只是“会买不会卖”，赚了小钱，却赔了大钱，由英雄落难成了“狗熊”的比比皆是，令人一掬同情之泪！相反的，那些很会“溜”的人却总是赔小赚大，因为他们在赔钱的时候是“**胆小如鼠**”，但是在赚钱的时候又是“**胆大包天**”，于是每每由“狗熊”反变成了英雄，令我尊敬万分！

当我们买进了一只个股，自然是基于万般理由，希望它能一飞冲天！万一事与愿违，发现它根本没有翅膀，这个关键时刻便能分辨出谁才是真正的“高手”了。

依我的观察，高手在这种时候是会卖的，而且是卖得连一手都不剩！他们深知，股价只要不涨便一定会下跌，现在还没有出现状况，是因为有太多人舍不得卖或是还在观望所造成股价的“假支撑”，过不了多久，即使想卖也已经太迟了！

曾经有一次，恰巧在股市崩盘前，当牛熊正陷于苦战的时刻，我亲眼目睹一位大户一口气买进了200万股的一只个股，但在发现只推动了两档价格之后，立刻反手全部杀出，连一手都不剩，直到股价应声跌停为止。据他解释，明知前面已埋了“地雷”却还不赶快撤退的话，等到腹背受敌就来不及了。好一个高手！

一个会卖股票的人比起一个会买的来得少见，但就是这些少数人赚走了多数人的钱！而这就是股市！

市场往东你最好不要往西；
喜欢和市场作对的人下场总是很凄惨

上场啰！你也可以成为股市高手

第 42 招

“进三退一”的华尔兹操作法

投资人问：

我前一阵子偶然看到老师出现在《财经点对点》的节目，立即对您的美式幽默留下深刻的印象，也从此开始关注老师的活动讯息。胡老师在许多节目中不断提到“止损”以及“止盈”的运用，但是设立“止盈”需要常常注意股价移动情况，随时修正，而我却因经常要到东南亚出差，产生操作上的困难。请问，有没有其他更方便的方法能达到类似效果，省却我的操心？

这不仅仅是你的问题，更是以往华尔街许多顶尖基金操盘人的头疼之处。大型基金操盘人由于手中持股既多且杂，每天无法对上百只的持股——“点名”“阅兵”，只好预先设定卖点，然后委托券商输入电脑以准备未来执行，这就是所谓的“程序交易”。

至于卖点应如何设定？20 年来，世界各地的专家也纷纷开始采用我所发明的**上设 30% 止盈，下设 10% 止损**的方法。因为这种“进三退一”的操作好比是在跳“华尔兹”舞，所以，我称它为**“华尔兹操作法”**。

如果你自认对股价的起伏变化无法拿捏准确，而且又是属于紧张型的人，我建议你不妨在买进股票后便立刻在两端同时设立10%的停止损失点与30%的获利了结点。

假设你在30元股价买进了一只股票，可以先在心中盘算好，若股价不幸跌到27元（10%），二话不说，赶紧卖掉它！假若股价如愿涨到39元（30%），不要犹豫不决，立刻卖掉它！

总之，27元与39元这两个事先设定价位，哪一个先到，哪一个先卖。在股价周游于“定价”之间的空档时段，尽可安心睡大觉，用不着多管它。

设立这种“进三退一”卖出点的用意是：赔的时候，只赔10%；赚的时候，可赚30%。只要“一”赚，可抵“三”赔。

依我的经验，一个平常没有时间盯着盘看的人，采用这套“进三退一”操作法既可以免掉操心，可以高枕无忧，又能看紧荷包，做到小赔大赚，一举两得，何乐而不为呢？

同时设立30%获利点与10%止损点是投资高招

第 43 招

哪边有鱼，哪边钓

投资人问：

我是一个新股民，才刚进场一个多月就已发现股市对新手并不友善。就说前天吧，指数大涨了 150 多点，许多个股都是价量俱扬并以涨停做收，偏偏我买进的那只“宝贝”一整天成交量只有冷冷清清的一两千手，收盘还跌了 5 毛钱，面子全都丢光了。回想当时会选上这只股票是因为看中它的市盈率很低，难道这也错了吗？请指点一个可怜人的迷津。

看来你的确是一位可怜的生手，而股市又是最欺生的，为了保护你，我们有必要聊一聊了！

我曾经有过这样的经验：有一次去钓鱼，到了海边以后，发现在一块光秃秃的岩石边挤满了上百名钓客，有人忙着甩竿，有人急着收竿，只因距离太近，大家的线常缠成一团，虽然吵吵闹闹，但就是没有人愿意离开。

当时我注意到，就在这块秃岩旁边大约 30 米的地方，有一棵大树像是现成的遮阳伞，旁边还有几块方整的石头，就像是天然的钓椅。

你想，能坐在“椅子”上，又有大树挡风遮阳，这可真是既舒服又享受的钓鱼位置，为什么要傻乎乎地去跟大家凑热闹呢？于是我半躺半坐就开始垂钓了。

纳闷的是，下面的三个小时，我就像是“阿呆”一样，除了一条鱼都没钓到以外，还连一个诉苦的对象也没有，真是乏味！更“邪门”的是，在30米外的那块秃岩上，钓客越聚越多，上钩的鱼也越来越大！

想想也没办法，只有硬着头皮也跟着去凑上一脚，最后虽没有钓上大鱼，但至少也蒙到两条小“泥鳅”！我终于领悟到一个道理：“**哪边有鱼就到哪边钓**！”

买股票其实跟去钓鱼没什么两样，想要赚到钱，便必须跟着人气走，千万别不信邪！若您老是挑些“小猫小狗两三只”的冷门股买进，那可能只有去菜市场买鱼了！

在股市中，只要有人潮的股票便有机会，因为股价原本也就是被人潮所带进的钱潮堆高的，你只不过是要学会**在人潮全都散去之前比别人先跑一步而已**，不是吗？

从每天的热门股排行榜已经可以看出人潮到底在哪里，如果还嫌不够，那么可以多从一些人气越来越旺的板块中来挑选个股，少去碰那些常让人“无语问苍天”的冷门股，这是短线操作的不二法则。

第 44 招

心急的钓客钓不到大鱼

投资人问：

八九年前，科技股有一波超强行情。举例说，有一只电子股就由 40 元飙涨到了 170 元，必定有人是赚翻天了，只可惜不是我。因为我虽也是在 40 元附近买进的，只不过，在 50 元的时候就卖光了，以后看到股价每涨一天，就痛苦一天，有谁知道它会一路涨到底呢？连我这种天天盯着股价看的老手都会错失良机，别的人还会有机会吗？

让我先跟你们讲一则真实的故事！

在华尔街工作时，有一次，有 400 多名客户都听从我的建议，买进了一只才刚上市的高科技股票，当时每股是 14 元。老天帮忙，从大家买进之后的第二天开始，股价便一路缓缓上涨。我记得第一位客户是在两天后就等不及了，以 15 元卖出了。接着，又陆续有好多人在 18 元、20 元……随着一路涨升的价位先后脱手，而最后一位卖出的客户是在 30 元时欢天喜地地出手了。总之，大家对于能在这么短的时间之内就有这种意料之外的收获，感到万分高兴。

两年多后，有一天，我突然接到一个失去联络好久的客户的电话，她是想向我询问那只科技股的股价。我总算想起来了，这位女士在买进这只股票后就“失踪”了。你们知道吗？美国纳斯达克市场中的股票当时就有好几千家，很久没有再看了，我连这只个股都差点记不得了。在输入代号之后，电脑上所显示的股价让我不禁叫出声来：“天啊！怎么会是387元？”

客户之所以能熬到现在还没有卖出，全归功于她在买进之后不久就随先生调到海外工作去了，压根儿就忘掉了手中还有这只个股。

这虽称得上是一桩“意外事件”，但至少可以证明，天天盯着股价看的人是赚不到大钱的！

就像一个毛躁不安的钓客，每隔两分钟就急着检查他的鱼饵有没有被鱼吃掉，这样，大鱼怎么会上钩呢？

分秒不停地盯着行情板只会自找苦头

第 45 招

金字塔操作法

投资人问：

常常听到分析师在建议投资人可采用金字塔方式来买进，很奇怪的名称，怎么买股票会跑到埃及去了，他们指的是否就是要分批买进？

“金字塔”型股票操作法在世界各地已行之多年且相当风行。它主要是说，当投资人买进了一批股票后，立刻遇到上涨，在兴高采烈之余，总会兴起再多加码补进的念头，这时只需遵行“**每次加码数量应比上一次少**”的原则，就会安全多了。

举例说，你以每股 20 元买进了 5 手某家公司股票，当股价上涨了 1 元，也就是 21 元，若想加买，可以买进 4 手。假设股票再涨至 22 元时，可以再加买 3 手，因此，在数量必须**依序减少**的原则下，究竟应加买多少，则可由投资人自行决定。

这套操作法完全是针对投资人的贪念而设计的。许多缺乏自制力的人，买进股票后，见到上涨，便会犯下得意忘形的毛病，一时毫无约束地疯狂加买。譬如说，在 20 元时买进了 5 手，但在 21 元时又加码了 8 手，这个时候只要股票稍稍回跌个 5 毛钱，便开始摇摇晃晃，这都是“**头重脚轻**”惹的祸。

“**金字塔**”操作法与“**分批买进**”法乍看相似，实则不尽相同，因为前者是在事先较无准备的情况下，随兴致与机会以“**缩量**”加码买进，目的是在消除投资时的过度情绪化。而分批买进法通常则是按部就班，依计划分批以“**等量**”买进，为的是要避免患得患失造成坐失良机。两种方法各具备其优点与特色，都是值得参考的投资良方。

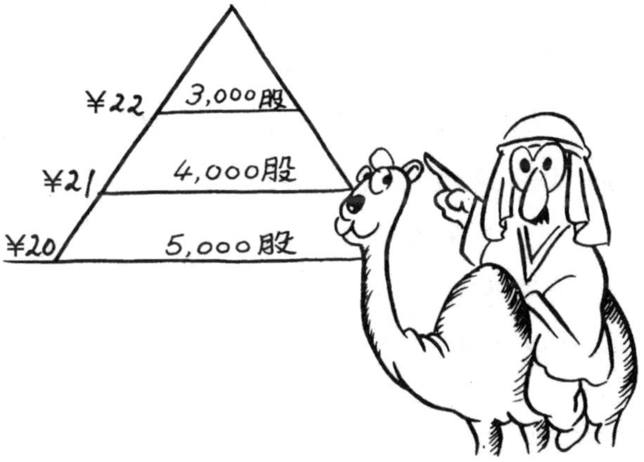

加买数量依序减少是金字塔操作法的原则

第 46 招

可促使你当机立断的两帖妙方

投资人问：

我在两三年前曾经看过胡老师一本有关生涯规划的书——《年轻人开创前程100 招》，其中有一篇的主题是，“人生的舞台充满竞争，面临抉择，只有比别人果决，才能抢得先机”，真是一语惊醒梦中人。我凡事一向拖拖拉拉、犹豫不决。自从踏入股市之后，更是被这种个性搞惨了！东想西想的结果是该买没买，该卖没卖，赔得天昏地暗。老师在书中讲述“在大海中当机立断地放弃了游泳圈再游回岸边”的故事相当扣人心弦。现在若将大海换成股海，遇上我们这种做不出买卖决定的人不知是否也有建议？感谢！感谢！

当你心中已决定要买进时，股价涨幅一旦超过当天**开盘价**的1%，立刻买进。反之，当你心中决定要卖出时，股价低于开盘价的1%，马上出手。不要想等高一点才卖或是低一点才买，因为据统计，事与愿违的概率比较高！

相信很多投资人都常有这种经验，就是虽然在家里做好了买或卖的决定，但是，一进到证券公司的营业厅，看到股价的变动与理想背道而驰，就不知如何是好了。

要避免这种三心二意的情况，“百分之一设定法”相当有效。这个原则是这样的：当你心中决定要买进某只股票时，如果当时股价已经涨过了开盘价1%时，立刻毫不迟疑地买进。反之，如果心里已决定要卖出这只股票，而价格也已经跌过了开盘价的1%，马上卖出，不要再寄望会反弹回来。

举个例子，甲股票昨天收盘价是30元，今天也是以30元开盘，你就先盘算一下，1%是3毛钱。因此，看到股价一突破30.3元时，应立即买进；而想卖出，则在股价跌破29.7元时趁早了结，免得因小失大。

运用这套方法，可以促使你当机立断地做出买进或卖出的决定。而且，根据统计，经过了“百分之一设定法”的过滤，大大提高了决定买进或者卖出的正确概率。

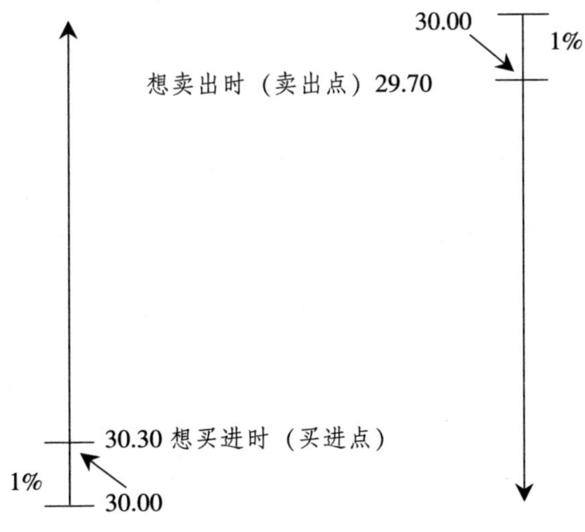

百分之一设定法

另外一个方法是，每当行情陷于胶着，我也常会耐心地等待股价突破或跌落上周最高、最低价位，才来做出买卖的决定。

如果本周的股价已经突破上周的最高收盘价，这常表示买气旺盛，可能是好的买点。反之，一旦股价已跌破上周最低收盘价，会表示卖潮汹涌，最好穿上溜冰鞋立即开溜。

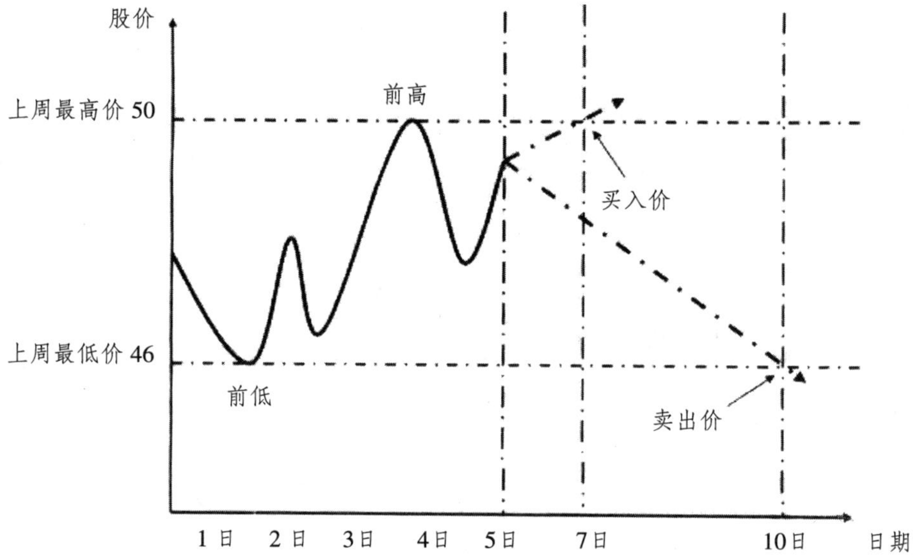

运用这套方法来进出，同样可提高胜算！

有了“**百分之一设定法**”再加上观察“**上周高低价位**”，令人头疼的买卖决定会一下子变得容易多了。你说是吗？

第 47 招

别人在担心，我就很放心

投资人问：

我每一次踏进证券公司，许多朋友便在暗中指指点点，并且交头接耳低声说“反指标”来了！这些家伙实在是有够刻薄，人家在股市中赔钱，他们不但不给予同情，反而讥笑连连。话又说回来，自己也真是太不争气了，闯荡股市三年下来，唯一的“收获”就是“成为别人的笑柄”。他们其实笑也没错，因为我永远是“每卖必涨”“每买必套”，“准”得很！有时我难免会怀疑这家券商的风水与我犯冲才会促成运气如此之差？请求您立刻赐予一招，能让我从此在股市中不再被人“欺负”的一招！

眼见你在股市中受尽委屈，被人“欺负”，我的同情心油然而生，怎能不扶你一把呢？在解谜之前，首先要点醒你：券商的风水没有问题，有问题的是你自己！你抓错了股市的韵律与节奏，才会在该买时卖，该卖时买！那么你也许会问：“要如何才能知道股市的涨跌节奏呢？”我的答案是：要凭感觉！而你必须立刻培养出这种感觉！

投资人总是喜欢问我，在这么多的投资观念中有哪一项可以让他们脱离每买必套的苦海，早日咸鱼翻身！

这可真是伤脑筋哦！因为，想要一下子由**《胡立阳股票投资100招》**中单挑出一招还真不容易呢！起身走了七步，我终于想出来了！

要在股市中赚钱一定要先培养出一种感觉，那就是：当行情节节上升，股价扶摇直上，所有人都在举杯庆祝的时候，你应该开始感觉到紧张与不安，但不是紧张该买哪一只，而是要必须准备随时跑光光！相反地，当行情一蹶不振，股价溜滑梯，所有的人都在焦躁谩骂的时候，你却应该逐渐有快乐似神仙的感觉，因为，捡便宜的机会来了！

你知道吗，百分之九十以上的投资人在股市中的感觉都很“正常”！当股价上涨，他们好快乐，当股价下跌，他们愁眉苦脸！真的，眼看股价天天滑落还能开心的人不多，这就是人性！而你依“正常人”的想法去闯荡股市，下场一定会相当凄惨，因为股市绝大多数时间都是“**非人性且蛮横无理**”的！

从今以后，只要随时随地提醒自己，培养“看到股价上涨就愁眉苦脸；看到股价下跌就兴高采烈”的感觉，这种感觉一旦根深蒂固，你便能摇身一变成为股市中的真正高手！

我不是在开玩笑！逆向思考，“及时培养在股市中的正确忧喜感”，是我们训练一批批分析师时所强调的重点！如果连他们也跟一般散户一样，那怎么够资格去指导别人呢？

第 48 招

短线的防身术——三日原则

投资人问：

这半年来行情一路飙升，我的几位好友因为进场够早，已成了小富婆了。我则是一直没买，坦白说，内心还真不是滋味呢！一个月前，终于急了，很想炒个短线，至少也要赚点小钱，这样心态才会平衡。没想到，一连买进了五只个股，竟神准到只只一买就套，其中两只更已经大跌超过了20%。现在，每天除了感叹自己没有赚钱的命，也开始怀疑短线操作是否真的需要具备特殊的本领或是天赋的资质？

你的遭遇的确值得同情，希望现在教你这招短线操作的防身术不算太晚！

既然是玩短线，买进后一两天的股价表现当然希望是只能涨不能跌的。但是，长期观察下来，能够“一买就赚”的人很少，而“一买就套”的人太多，相当讽刺。

为什么呢？很简单，只因为你是个“正常人”！我在股市中有一句名言：**“正常人”在股市中是赚不到钱的！**

正常人总会在股市沸腾，某只强势个股已经大涨了一段的时候，也兴起了赶紧去分一杯羹的贪念，想抢个短差。由于是追高，遇上拉回的概率当然很高。另外一种极端情况是，去挑些股价相对便宜的弱势股，安慰自己是买在“低档”。这两种买进都很容易让你一买就套！

提醒大家，短线操作绝对要有技术，其中最基本的就是要遵守老手们都很注意的“三日原则”，这样才能将短线风险压低，进而增加胜率。

根据统计，真正的强势股大都能在3天之内不断创下新高价，也就是说，必须一鼓作气才能维持上冲的动能。同理，股价一旦拉回，若是无法在3天之内重新站上拉回前的高点，开始出现整理甚至是反转为弱势的概率就大大提高了。

好了，这就是所谓的“**三日原则**”！

记得哦，无论是在什么价位买进的，3天之内假若都还住在“套房”里，最好先跑一趟，再试试别的个股吧！

没有三两三，怎敢上梁山！想玩短线，可没这么容易。

迟到总比不到好

第 49 招

卖出天天上涨的股票要有技巧

投资人问：

买到一只连涨 5 天的个股真的是很开心。但是，它今天终于出现了第一天的回档，虽然只是小跌，却仍然让我担心，有点想获利了结了，究竟该怎么做呢？伤脑筋啊！

谁说赚了钱的人就没有烦恼？当你手中的股票开始连续性大涨，反而让人忧心忡忡，究竟该不该卖了呢？卖得太早真会遗憾终生，怎么会那么沉不住气；卖得太晚，到了手的鸟儿又飞了，变成终生遗憾了！

原则上，买到这种股票能拖就拖，要在真正开始下跌的时候才做了结。开始回跌的第一天，**只要收盘价跌幅没有超过 7%**，不必急着卖出。因为有许多这种连续性大涨的股票，涨个几天后，会突然回跌一天，正如一个人跑了一大段路后必须停下来喘口气一般。但是，就有许多人会在这个喘息的时候慌忙出手，眼见花落别人家，那种滋味很不好受。

是否真正该卖的关键时刻要看第二天。如果经过第一天的下跌，第二天开盘后也并无起色，而且估计在收盘之前跌势无法扭转，为了保存战果，这时就可以挂出了。

用功的你可能又要举手发问："前面为什么要提到跌幅不能超过7%呢?"

由我过去抽样150家个股的长期追踪统计显示，一只个股只要在连续上涨了3天之后，如果突然出现7%以上的大幅回档，下面它能继续上冲的概率马上减少为39%。而在熊市中，这个比率更是会掉到只剩18%。

统计数字极为有趣而且清晰易懂，它提醒我们，任何股票只要出现了单日的大跌，即使本身未出问题，也会对原本正在上升中的趋势造成伤害。

既然如此，对喜欢做短线的人而言，这时或许就可以先落袋为安了。

第 50 招

“开高走低”与“开低走高”

投资人问：

前次在上海听您演讲，您曾提醒大家要注意行情“开高走低”或者是“开低走高”的现象，非常有趣，只是当时讲得太快，我和女友都来不及记笔记，可否再说一次？

哎呀！很高兴你能记得我在股市中所用的“开高走低”与“开低走高”这两个名词，很传神，不是吗？

判断回档时机，是决定何时该获利了结的关键。如果某只股票已经连续上涨了一阵子，今天开盘时再度大幅上扬，但尾盘时股价竟出乎意料之外地以下跌做收，或是虎头蛇尾表现软趴趴的，这可不是一个好现象。如果股价连续两天都如此表现，投资人就要多加留意了，这通常是股价即将回档的征兆。

不仅个股如此，对**大盘指数**而言，这个原则仍然适用。如果连续两天指数也是“开高走低”，表示股市极可能变盘。

根据我在美国所做的电脑抽样统计，连续 2.11 天（比 2 天多一点）“开高走低”的现象发生后，股价会产生回档情形。

开高走低常使投资人泪满襟

另外一种完全相反的状况，个股价格已下跌了好几天，而今日开盘后仍是一蹶不振，但临收盘时竟猛然拉升到平盘价之上，这是令人鼓舞的现象。这种“开低走高”情形若连续发生 2 天，往往表示股价即将反弹。

同样的道理，也可以应用到指数上。当“开低走高”情形连续发生 2. 17 天，便极可能产生强劲反弹。

一直以来，特别是那些频繁进出股指期货的大户，对我的这项统计结果极为重视。

开低走高的情形连续发生两天常表示股价即将强劲反弹

第51招
大跌之后的反弹是“真”是“假”

投资人问：

我哥哥经常在家人面前吹嘘他在股市中是多么的风光，别人遇上股市大跌总是愁眉苦脸，他反而是笑容满面，因为每次都能利用大跌来抢到反弹，讲得我们都好羡慕。但是最近一个月来他变了，变得有些沉默寡言了！原因是“抢”到了一波比一波跌得更低的“反弹”！我建议他来请教胡老师，他却老说什么“不好意思”，看样子还真是好面子呢！没办法啊，我只有一个哥哥，每天看到他总是垂头丧气的，实在于心不忍，也只有“代兄发问”了！可否赐教一招“抢反弹时如何自保”？哥哥必将感激不尽！

眼见你们兄弟情深，我怎能不助一臂之力呢？不过，在股市中“面子”并不重要，“里子”才最实际。股海浩瀚，玄机无边，我们都经常要向高手请教，你哥哥的脸皮怎么会这么薄呢？唉！

投资人常有的疑惑：昨日指数大跌，但今天又立刻止跌回升，究竟该不该及时抢个反弹呢？

处于这种情况，买或不买应取决于这个反弹是否内含足够的力道。如果能够同时符合下面两项价与量的标准，才算是带劲的反弹，不是陷阱，可以大胆进货：

（1）今日反弹的幅度，已经超过昨日跌幅的50%

（2）今日的成交量，较昨日成交量高出20%

如果不符合这两项条件，那么这个反弹，常只是挑逗，之后继续下跌的可能性很大。手中持股原本已不少的人，只有在完全符合上两项标准的反弹下，才可以放心地加买几手。

有一年，我应邀到洛杉矶的一个投资俱乐部演讲，当时股市正陷在长期低迷状态之中，凡是喜欢抢个跌深反弹的人都一次又一次地吃尽了苦头。演讲中我不止一次地呼吁："千万别在一波比一波跌得深的行情中抢反弹！"终于，有一位在加州大学任教的资深投资专家反问我："Mr. Hu，大道理我们都懂，只想请问当置身于反弹之中，你又是怎么知道行情会一波比一波跌得深呢?"

问得真好！我注意到，与会的嘉宾各个也都睁大了眼睛。

根据我对过去两次熊市中所出现接近50次的反弹案例来做了彻底的研究与比较，得出了一项重要的数据：**大跌之后的反弹幅度不及跌幅之半，或反弹成交量未超过下跌日成交量的**20%**，那么这个反弹不但不容易持续，反而可以因此预知还有下一波的更低点即将来临！**

这项准则，对大盘及个股均同样适用。

此外，股市若在连续大跌几天之后才遇到一阵反弹，投资人也可采用累进计算法来研判。举例说：

3 月 1 日　跌 50 点　成交金额　100 亿元

3 月 2 日　跌 30 点　成交金额　80 亿元

3 月 3 日　跌 40 点　成交金额　90 亿元

3 月 4 日　涨 30 点　成交金额　80 亿元

3 月 5 日　涨 10 点　成交金额　110 亿元

3 月 6 日　涨 15 点　成交金额　80 亿元

（1）$(30+10+15)<(50+30+40)\div 2$

（2）$(80+110+80)<(100+80+90)\times 1.20$

计算结果显示，3 月 4 日到 6 日的反弹因不符合前述两项准则要求，投资人不必急着赶在 3 月 7 日当天买进。

再假设，股市在连跌两天之后，第三天产生反弹，为避免发生被假反弹套牢的悲剧，也可循上述原则加以分析研判。举例说：

9 月 1 日　跌 60 点　成交金额　100 亿元

9 月 2 日　跌 40 点　成交金额　104 亿元

9 月 3 日　涨 70 点　成交金额　130 亿元

（1）$70>(60+40)\div 2$

（2）$(100+104)\div 2=102$（先求出单日平均交易额）

（3）$130>102\times 1.20$

由计算结果可知，9 月 3 日之反弹颇有实质意义，成交量也大有长进，股市表现出强劲的接手力，计划在下一天买进的人可以比较安心。

使用这套简易计算法来研判反弹力道相当实用，也提高不少胜算，对主张“下注”要先求稳的投资人而言，确实提供了买卖判断的宝贵依据。

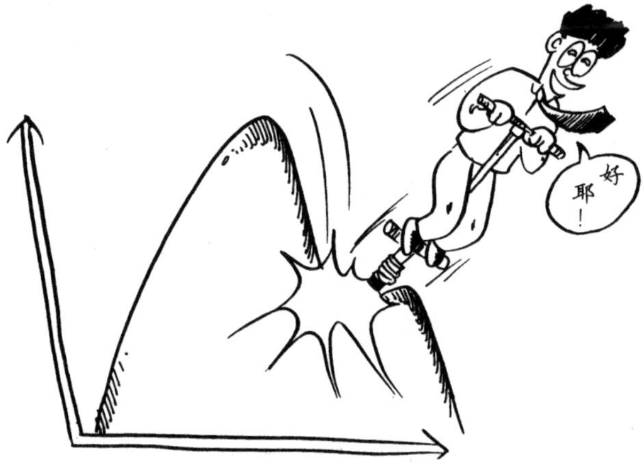

大跌之后的反弹常令人乐极生悲

第 52 招

大涨之后的回档是“好”是“坏”

投资人问：

股市在突然大涨一天之后，第二天立即回档的概率很高，请问要如何判断，该趁拉回赶紧捡个便宜，或是先跑为妙？

大涨之后又突然回跌，如果跌幅不及涨幅之半，成交量亦未超过上涨日成交量的五分之一，应属正常的回档，请少安毋躁！

如果昨日股价大涨，但今日却猝然回挫，如何判断这到底是个正常的单日回档，抑或是该卖出的警告呢？

是不是正常的回档，要看能不能符合下列两项标准：

（1）回档的跌幅，是否超过昨日涨幅的50%

（2）今日的成交量，是否超过昨日成交量的20%

如果两个答案都“是”，便不能以正常的回档视之，后市续跌的可能性相当大，可以考虑出货；反之，回跌如果没有超过这两项标准，那么这可能仅属于正常的拉回整理，不必心慌，出去看场电影散散心吧！

第53招

头肩底、多重底与W底的区别

投资人问：

我是一个虔诚的技术分析迷，这方面的书看过不下十余本，现在也小有心得了。只是，在运用图形来选股票时，一直有个令我头大的问题，那就是：当有三只个股分别呈现“头肩底”“多重底”以及“W底”时，究竟该选择哪一只？虽然它们都代表着即将反弹的意义。我曾经请教过许多专家，他们都说我是神经病，太吹毛求疵了，我是吗？

许多投资人对股票技术分析中的图形极感兴趣，他们对各种图形的走势是好是坏都相当清楚。特别是，当股票在底部等待反转的时刻，他们往往会兴奋地说：“现在图形已出现‘W’底形态，行情一定就要翻身了。”当然，看到“头肩底”或者是“多重底”的图形，更会令他们雀跃一番！

长久以来，技术迷总喜欢问：“W底”“头肩底”以及“多重底”这3种基本反转图形中究竟以哪一种最为神勇、最是厉害？这的确是一个非常有趣也值得研究的问题。

20多年前，我为了找出答案，曾经花了整整一年多的时间，请了两位研究员，利用电脑将世界几个主要股市中大约 1000 只个股在过去 10 年的图形表现做了统计，得到了初步答案，虽不敢说百分之百的正确，但已足够将研究心得提出来供大家参考。

我发现，这 3 种反转图形的“厉害”程度，依排名分别是：（1）头肩底（2）多重底（3）W 底。而根据统计，当个股出现头肩底的形态时，股价在反弹时往往有回收 **60%** 失土甚至更多的概率！举个例说，某只个股由 100 元跌到 50 元后，图形呈现“头肩底”的反弹架构，若日后反弹成真，则股价有由 50 元回升至 80 元的潜力。因为由 100 元下跌到 50 元，那损失 50 元的 60% 是 30 元，因此，回收了 30 元，反弹到 80 元是合理的预估。同样的统计，我们发现多重底的平均回收失土率是 **40%**，而 W 底的情况则是 **25%～30%**。

这样的统计结果，对图形迷的朋友来说，应该算是一项难能可贵可供上场时使用的参考资料。都送给你们啰！

★★★★★

头肩底

可反弹下跌幅度的60%

★★★★

多重底

可反弹下跌幅度的40%

★★★

W底

可反弹下跌幅度的25%~30%

第 54 招

盘中抢反弹，如何抢对宝

投资人问：

我每天一大早必定要到营业厅看盘，三年来如一日，且风雨无阻，每个客户经理都认识我，他们对我好客气！言归正传，我之所以保持全勤，是因为喜欢抢个短线玩玩，特别是每当遇上大盘急跌，我会立刻买进盘面上跌得最凶的个股希望大赚一票。但几十次的经验显示，往往是赚了指数却赔了股价，我选的个股并没有随指数反弹而上涨，令我伤透了心！是否可请您传授在盘中抢反弹的秘诀？我不能再买错个股了！

我一向不建议投资朋友过于频繁地短线进出，但在股市中，像你一样的人不少，的确有必要多提供大家一些实战经验。

以往每遇到突发利空，指数在盘中出现戏剧性的急挫，个股也纷纷中箭落马，一定有不少人会动脑筋想趁乱抢个反弹。但是，该挑什么样的个股才最有胜算呢？

多年来的细心观察，我心中最理想的具备反弹实力的个股买进排名依序是：

（1）原本已涨停锁死，却又因此打开来了的个股

（2）相对抗跌的强势股

（3）跌深但已出现单日“W底”或“倒头肩”型走势的个股

总有不少投资人特别喜欢去挑那些跌得最凶的几只，原因莫非是希望一举赚到最大的上下价差。这么做好吗？

基本上，跌得最凶的那些个股必须符合上述第（3）项的原则，这样才能避免因捡便宜却捡到的是别人急着丢出来的烫手山芋。

以“倒头肩”型走势为例，个股当日交易若出现这种走法，表示股价虽一度超跌，但买盘已介入且卖方已经缩手，此时抢个反弹之风险不大。

抢个一日反弹相当刺激，但是要有技术。首先，提醒大家要避开“第二波”跌得比“第一波”还深的个股。

平常有机会在营业厅观盘的人，应耐心观察最具关键性的“第三波”发展，倘若这个“第三波”又是每况愈下式地跌得更深，那么根据统计，该股在当日由绿翻红的概率会低于10%。

相反的，若第三波的下跌能提前终止于第二波的低点之上，而股价已呈现“倒头肩”型的走势，则个股不但转危为安，且还有机会展开当日的强劲反弹行情。

举例说明：某只个股的开盘价是80元，但就在开盘后它一路下跌到77元，然后迅速回弹到79元，不幸却因在79元附近遇上突袭卖压，硬是又被打了下来；而这次更惨，居然跌到了新低点的75元，此后虽又是一波反弹，却仍是撞到了79元的铁板之后出现了第三波下跌。但需注意，这第三波的下跌如果只是来到77元就又缩脚了，机会终于来了，因为“倒头肩”的图形已经出现！77元将是一个较佳的当日买点！

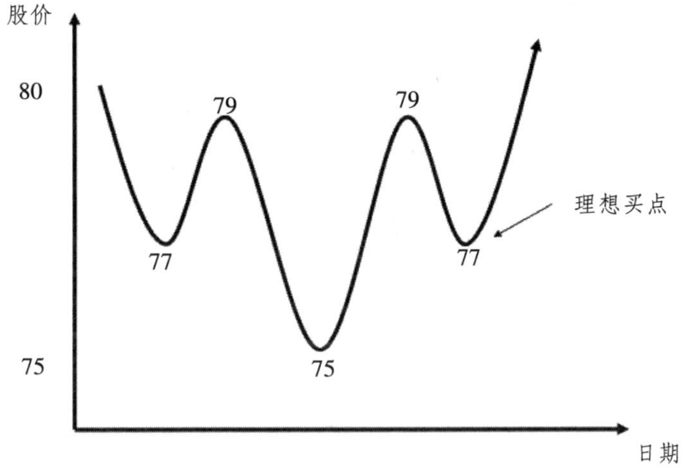

很多人虽喜欢在盘中买来卖去的做短线交易，
但却毫无耐心且从不去细心观察股价走势

想预测大盘当日的走势？指数在盘中的图形变化也常提供了许多线索。

总之，在盘中抢反弹原本就属于高难度的行为，千万别以为买进跌得最凶的个股就有大赚的机会，要知道，有些个股之所以会跌得这么惨是另有原因的。

运用“倒头肩”或者是右脚比左脚高的“W 底”等代表底部完成的图形来先行过滤，才能增加获胜概率。

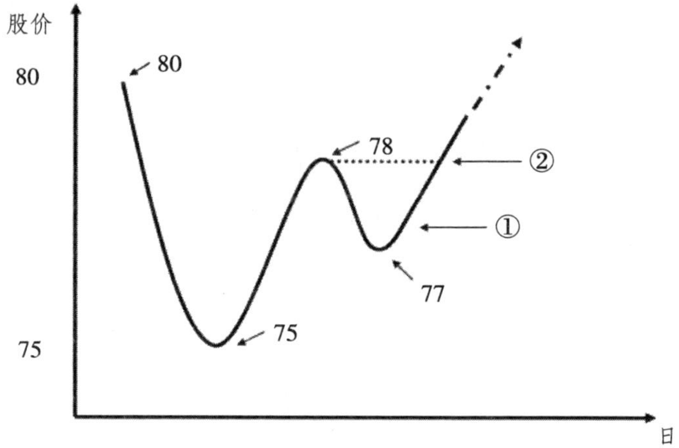

盘中股价经过两次拉回，但是出现了右脚比左脚高的
“W底”型，也非常可贵，同样是买进的好选择

1985年2月至8月间，我抽样20只华尔街各行业具代表性的蓝筹股，依据它们在盘中的股价变化所获得的统计结果显示，当日行情中，个股出现右脚比左脚高的“W底”反弹形态时，若依上图①及②买点买进，能赚到当日差价的概率分别是：在①位置大约65%；在②位置大约77%。

第 55 招

股市大跌，“换股操作”启动

投资人问：

最近股市大跌，我手中的几只股票也都跌得惨兮兮的。甚至连一些过去根本买不起的高价龙头股也下跌超过了三成，很想趁机买进，但又很怕，因为资金有限啊！今天行情终于出现大反弹，很怕错过最后捡便宜的机会，更是坐立难安，究竟该怎么办才好呢？

行情在一波大跌之后，终于略有起色，好比久旱逢甘霖。很多人会心急地问：“可以进场了吗？股价已经很便宜了呢！”

我知道，大家都在高档套牢了不少，现在最想做的就是在低点赶紧把钱赚回来。要小心，此时若过于急躁，只会让你越套越多。

首先，股市在久病之后突然又爬了起来的头两三天，仍然很虚弱，还须留在特护病房继续观察，而这个观察期短则 10 天，长则需要 1 个月以上，才能确认行情已经转危为安。

但是，这并不是说，大家什么都不能做。

你应利用这段期间，密切注意过去一再错失买进良机的那些好股票的表现，机会或许会再度光临，先做好“换股操作”的准备。

在股市有逐渐走稳迹象的初期，我从不建议手中已有不少套牢持股的投资朋友再掏腰包来做加码，只会鼓励以等量资金来换股操作。

行情高涨的时候，百分之百的投资人都自动会换股操作。因为卖出股票赚到了钱之后，总是会兴高采烈地又匆匆投进另一只股票的怀抱，如果你卖出了甲，却又买进了乙，高价换高价，根本是在自掌嘴巴嘛。

在暴跌行情中，才是换股操作的真正好时机，要积极做好准备工作。

那要准备些什么呢？以下是四个步骤：

（1）先将股市下跌以来，手中表现最差的股票卖掉

千万别舍不得！担心会卖到最底点？以为一卖掉，股市第二天就会出现“V”型反弹？你应该还没有这种能耐！别忘了，要有舍才有得啊！

（2）卖掉之后最好要冷静个一两周，不要操之过急地左手卖右手买

很多人以为换股操作就是在当天完成买进卖出，而这是最大的错误，这么做，其实充满矛盾，也捡不到便宜。正确且安全的做法永远是：先卖，过几天再买！

这段时间，可以仔细观察、比较心中理想的几个对象：它们的表现是否优于大盘，谁的成绩又是最好？

（3）如果大势仍然阴晴不定，必须发挥“停、看、听”的耐心

我注意到，“新手套高档，老手套摸底”。不要担心错失买在最低价的机会，因为，行情走空了一段时间，底部也只会逐步形成，最可能出现的是，缓缓上升的“锅底”形态。换句话说，宁愿慢半拍，也不能因心急而二度套牢，以后想买也没有钱了。

（4）当新的标的股出现“大盘大跌它小跌，大盘小跌它不跌，大盘小涨它大涨”，其中任一的情况只要连续两次，便可立即进场执行换股操作的动作

在股市中，有许多重要的投资技巧，“换股操作”就是其中之一，只要运用恰当，它的确能给你提供反败为胜的机会。

第 56 招

遇上“平台断层”须冷静应对

投资人问：

前一阵子的股市一直是在 1000 点到 1200 点之间做箱型整理，我每次一到 1000 点的箱底就买进，1200 点的箱顶就卖出，来回 3 次都赚到了“全垒打”，好过瘾。上星期指数又回到 1000 点，既然圣诞老人又来了，我照例“开门迎接”。但很不幸，第二天指数在毫无任何利空的情况下，轻而易举就跌破了 1000 点的长期箱底支撑。看得我傻眼了，只好在第三天一开盘以后就全部认赔杀出。终于“悲剧”又发生了，第四天指数居然又在毫无利多的情况下大幅翻升，由 950 点涨回到了 1000 点。过了三五天之后更是气人，它还涨到了 1100 点，回到了原先箱型整理的正中央。真是指数依在，人事全非，我已经被扫地出门了！书上不是都说箱底一旦失守，就会成为下一个箱的箱顶吗？我错在什么地方？纳闷、纳闷、真纳闷……有谁能解释呢？

哇！连股市中的识途老马这下都迷路了，是有必要伸出援手了！

我过去的好几位大型基金经理人同事都很喜欢运用“**程序交易**”

来设立“**止损点**”。举例说，当指数一跌破1000点大关，“**程序交易**”立即启动，所有个股都被——“断头”。这么做是为了避险，等到别的法人一看情势不对，已经晚了他们一步。但是这些投资专家也不讳言地表示，他们或有可能卖错，特别是当遇上“平台断层”的状况！

但是他们眼明手快，总是能及时回补，整个交易结果又变成“高卖低买”，实在是够厉害！

究竟什么是“平台断层”？它在“箱型整理”以及“长期筑底”的过程中究竟扮演什么角色？投资朋友大概都对它很陌生，让我们快来看看！

对股票或是股指期货操盘手而言，遇上指数在200点区间上下游走“箱型整理”，可以顺势来回操作。举例说，1000点买，1200点卖，既轻松又愉快。

只可惜，有一天终于出现反常状况，指数突然“莫名其妙”跌破了1000点的箱底支撑，大多数人由于眼见整理格局已被破坏，会立即翻多为空。

其实，我注意到，指数凡是“莫名其妙”的急跌破底（1~2个交易日内的急跌），它在接着的5个交易日之内站回1000点的概率极高，箱型格局依然未变，这就是典型的“平台断层”现象！

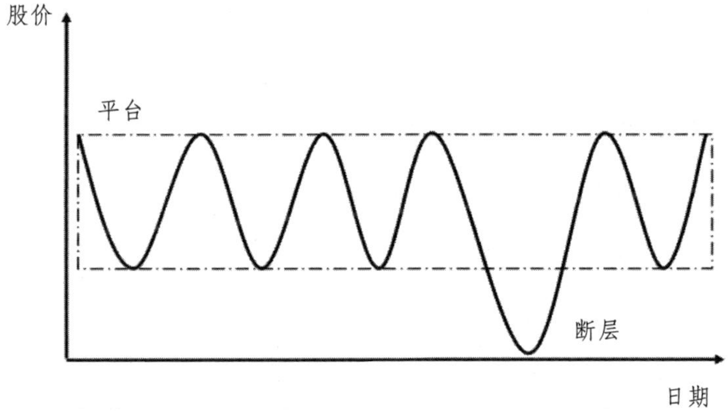

在股市中“平台断层”图形经常可见，许多个股都会出现“假跌破”长期支撑的现象，要懂得分辨才能避免被“有心人”挤下车

别小看这一来一回短短几天的“断层”过程，它往往已将盘整已久的大盘进行了一次“大洗盘”，增添了往后指数再度上冲至1200点箱顶区甚至向上脱离箱型区间的动能。这种平台断层与指数上攻时所出现的“假突破，真拉回”恰好相反。

根据统计，在1996年至2004年这8年多的时间内，华尔街股市符合这种“平台断层”的现象至少发生了31次，而其中的22次都是在5个交易日之内便回升到了原箱底或是长期支撑线之上。冷静一些，便能避免跟着慌慌张张的人一起下错车了！

通常股价一跌破长期支撑线，很多人就已经急慌慌地想向下跳了，先别着急，有可能只是“平台断层”

但是，也应注意，指数跌破了盘整已久的箱底区或支撑线之后，仍须仔细观察，若指数下跌的过程缓慢而非急跌，**根本不像能在2至3天内触及底部**，接着又无法在5日之内回到原箱底时，便是真的落到下一层的箱型区去了。

当股价跌破支撑线时如何分辨真假跌破

	（1）平台断层	（2）箱型破底
下跌状况	急跌	急跌或缓跌
下跌持续时间	1～2日	常连续3日以上
下跌原因	无	利空
后续发展	5日之内触底并急速回弹	持续牛皮不振或下滑测底超过5日以上

无论是大盘指数或是个股股价都常会发生“假跌破”的现象，这种研判，可以帮助你做个分辨。

很多人都懂得“箱型操作”，也了解长期支撑线的重要，但只有少数人知道“平台断层”，现在你已经正式成为那少数的专家之一了！

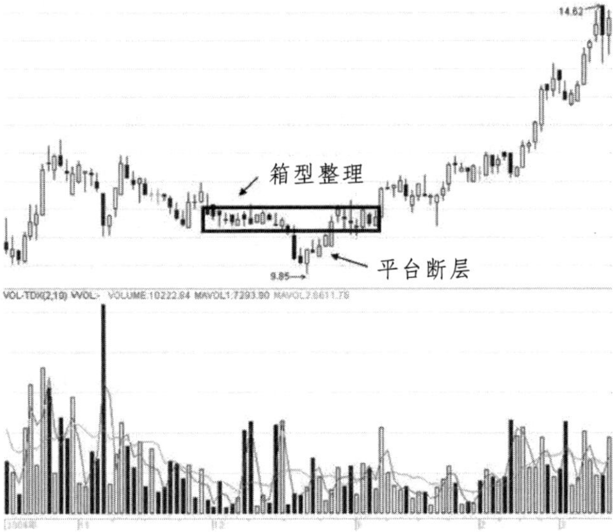

说明：以这只个股为例，股价在连续三周左右的箱型整理后，突然跌破，3天左右又迅速回升。很多人在箱型跌破后，都会先跑一步，错失了一只会生金蛋的金鸡。

（股价技术图形及“说明”由胡震生提供）

第 57 招

错过起站，还有机会上车吗

投资人问：

我一向喜欢挑选图形漂亮的个股来买进，但总是会遇上盲点，因为每次相中的对象必定都是线形呈现突破并且涨了一段的，真是又爱又怕，很担心会买在最高点。那天，在广播节目中听胡老师谈到，股票在上涨的过程中也会经过好几个大站，可惜当天早上正忙着为家人准备早餐，没能听清楚，可否再说一次？

在底部区横盘了好久好久的个股，一旦冒出头来，往往是“久久不涨，必有大涨”，出现一波超级行情的概率不低。只不过，有谁能幸运地刚好买在起涨点？即使是技术迷，也常因关爱的对象太多，没能及时买进一只线形出现了向上突破的个股。此时，眼见股价已经涨了一小段了，想搭上飙涨列车千万别急，你必须等待更安全的上车机会！

我注意到，即使是跑得再快的个股，由起涨点飙升一阵子之后，也必须停下来喘口气，休息一下。这个休息短则 3 ~5 天，长则 10 天以上。然后，如果它是跑长途的，就会开始向第二站出发了。多看图形就知道，一只真正的飙股，至少会发展出超强的第二波，甚至还有不错的第三波行情。只是需注意，后续的每一波行情，无论是在涨幅或是时间上都会依续递减。

好的，我现在将起涨区称为“起站”，而第一波行情的结束应该是到了“第一休息站”了。而第二波的行情结束，我们称为到了“第二休息站”。若你错过了在“起站”上车的机会，只要耐心在“第一休息站”等候再上车往往都不会嫌迟。但是，绝对要确定这班车还会往下一站出发，也就是股价在经过几天的休息之后，又开始由整理格局向上突破。

你或许会问：“错过了‘第一休息站’的话，到‘第二休息站’还可以再上车吗?”为考量风险，我建议最好是改搭别的班车吧!

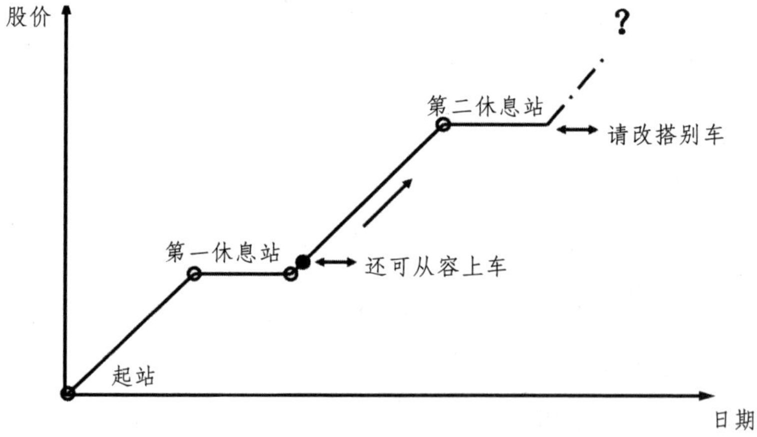

根据经验，股价若能在每一站停留至少一个星期甚至更久一些最为理想，经过充分的换手与休息，才能增加走长途的动能。很有趣吧，不是吗?

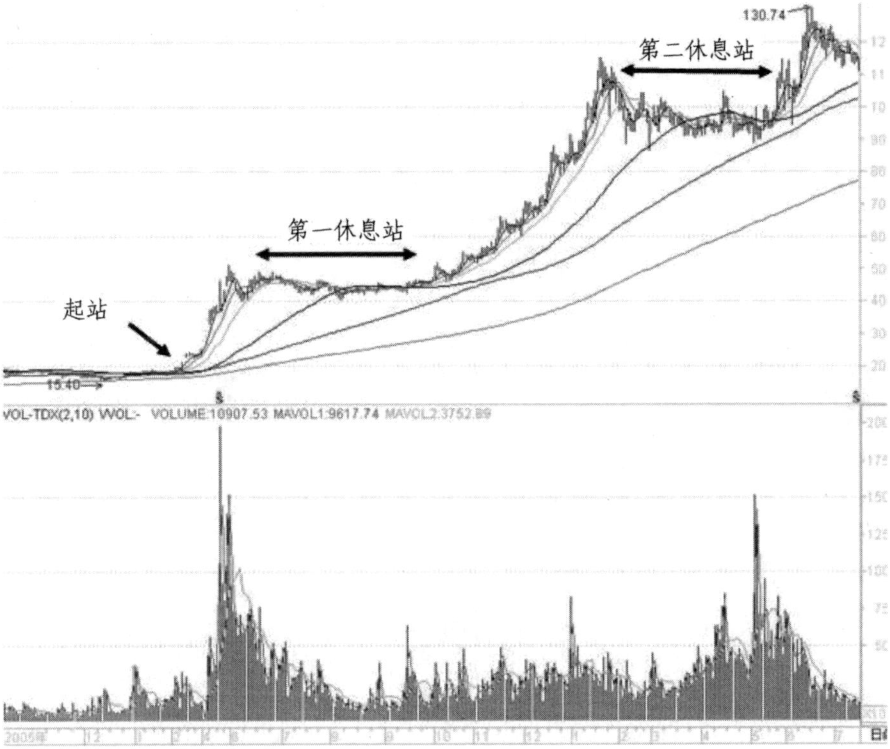

说明：很多人一看到这只股票由起涨点飙涨，认为已错失买进机会，就再也不看它了，的确是犯下了大错。其实你只要耐心等待，股价来到第一休息站，尽管休息一段时间，但是在第二波行情里，股价更是从 40 元涨到 120 元。学会了这招之后，将来就能够把握赚大钱的机会了。

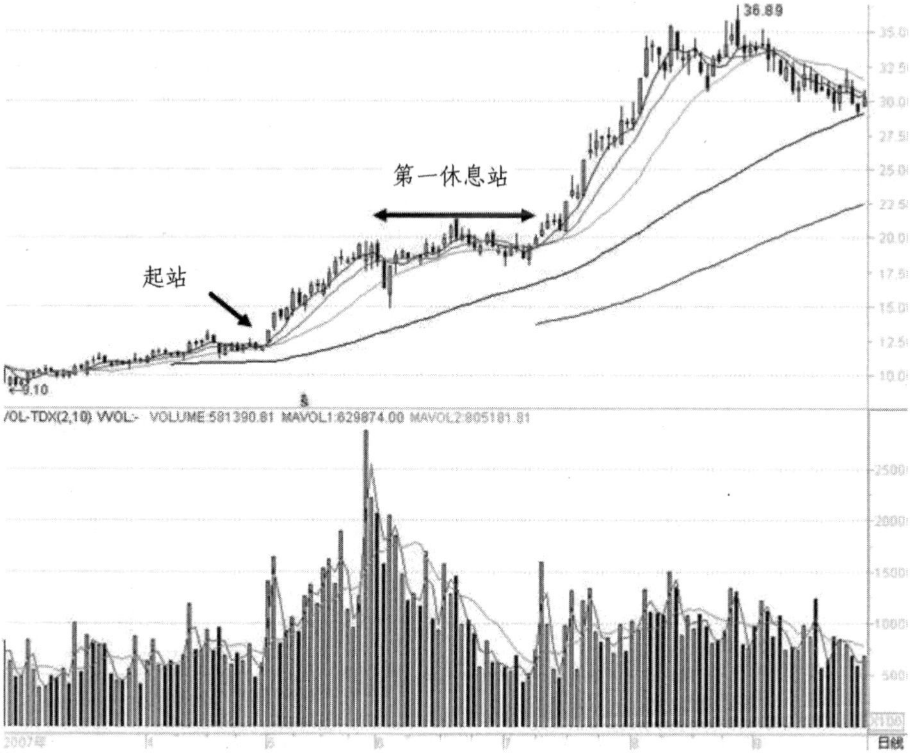

说明：由图形充分说明了，在第一休息站从容上车的人，更能尝到第二波大涨的甜头。

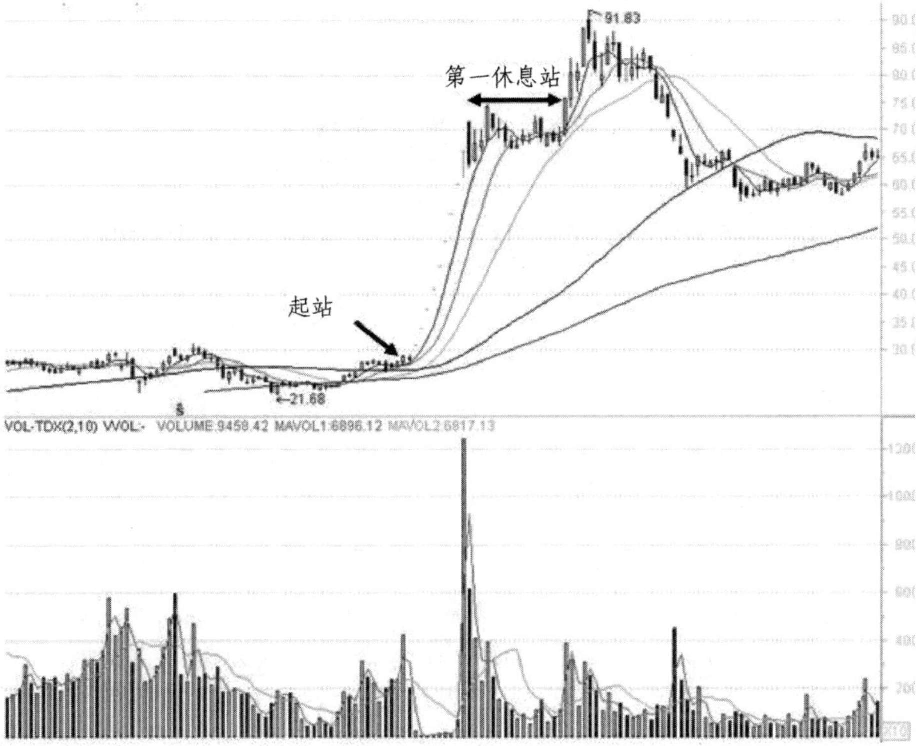

说明：这是一个极端的图形。百分之百的人在错失了第一阶段的飙涨之后，会误以为与这只个股缘分不够，连一点肉都吃不到了。事实证明，等到在第一休息站才慢慢上车，都还可以轻松赚个20块钱。主菜虽没有吃到，但至少吃到了精美的甜品。

第 58 招

谨慎处理涨幅已达一倍的股票

投资人问：

我常选择那种在低档盘整了很久才再出发的个股，而且会耐心地等到股价上涨一倍才从容下车。这种操作方法真是太棒了，我在股市中的成绩总是 100 分。事实上，我已注意到，上涨了一倍的股票常会在此时出现拉回，让我的卖出看来更加正确。请问，这只是巧合吗？

大家都说，投资房地产的秘诀是——地段、地段、地段！

我则要说，投资股票的秘诀是——**耐心、耐心、耐心！**

恭喜你，你的确具备了成为股市赢家的条件！

如果你错估时机，在 30 元价位买进一只个股，但股票很不争气，先惨跌到 15 元，经过一番挣扎后终于又回到了原先的 30 元，我会建议，应该把握时机，将失而复得的股票卖掉。

这当然只是一个例子。我的原则是，对于任何**上涨幅度达到一倍**的股票，就要特别小心。因为一般人的心理反应，对于股价上涨了百分之多少，并不会特别敏感，但对于“一倍”这个数字，却会在心理上产生特殊的警戒心，自然想赶紧脱手。

有不少我认识的知名操盘手，对手中所有持股，只要是遇到由底部或者盘整区上涨了一倍的价位，都会特别注意，随时准备卖出。因此，特别要注意那些盘整了一段时间的股票，由于以同低价买进的人很多，日后遇上价格涨个一倍，必有强大的卖压涌出，短线必须提前准备应对措施。

同样的情况也适用于大盘指数上，当指数由起涨点上涨了一倍，通常卖压会接踵而至！

这里，我做了一项有趣的统计。在牛市中，假设指数是由1000点起涨，它在一年之内能站上2000点的概率平均是70%，这时大盘将遭遇第一次“涨一倍”的出笼卖压。接着，指数倘能力争上游，第二次涨一倍，也就是由2000点涨到4000点的概率则迅速下滑到40%，而这一次的卖压将更为沉重，大盘常会经过2个月以上时间的拉回整理。

至于第三次“涨一倍”的概率呢？全球股市平均只有15%！

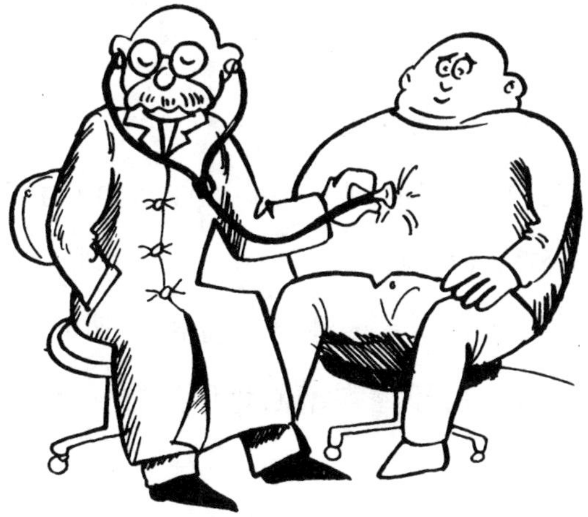

涨幅已达一倍的股票要多加注意

第 59 招

学会“追涨杀跌”的赚钱本领

投资人问：

大约半年前吧，我跟几个朋友在演讲会堂的电梯中刚好遇到了胡老师，于是大家把握机会，赶紧请教。当时由于时间很赶，只听到老师说，目前要学会“追涨杀跌”。老实讲，我们还真认为老师是在开玩笑，因为，专家不都是强调在股市中切忌“追涨杀跌”吗？最近，行情虽然大幅翻升，但我因为不敢“追高”只能眼睁睁地看着一些本来想买的股票像火箭一样升空了。更气人的是，在这段期间，原本想换掉手中那些烂股却反而因舍不得“杀低”而越抱越赔！难道这就是老师所说的情况吗？

你看，我没有在开玩笑吧！

在股市中，我们总是听到“不要追涨，小心套牢”！这种说法对吗？其实，这只对了一半！

当股市处于高档时刻，追涨当然提高了风险，但是，股市由低档逐渐翻升的初期，我却经常不断地呼吁要“大胆追高”，而且要“追涨不追跌”！

股市每每在经过一段时间的低迷盘整之后，会出现一轮大反弹，而当这种关键时刻来临时，投资人都会感觉到相当困惑，因为所有的个股都很“便宜”，真不知道是该买哪一只才好？现在，我要告诉你，在股市由空翻多的初期，一定要去买进那些率先反弹而且表现突出的个股，哪怕是已经涨了几天了，你也没得挑！

股市在“由空翻多”的第一阶段，个股会出现“强者越强、弱者越弱”的特殊现象，你若是不敢追涨杀跌，那这个游戏便玩不下去了！为什么个股会有这么大的差异表现呢？很简单，因为在指数一路下滑的过程中，投资人事实上已经在为所有的个股“打分数”了！他们一路上会把跌得比较少，还下得了手的大型绩优股或是看起来危险性高的高价股一只一只地丢掉，而留下一些认为是“肉已经不多”“跌无可跌”的低价股死抱不放！

结果呢？每次行情开始反转的时候，那些早被抛弃的高价股反而因卖压全无而身轻如燕，而那些压在投资人枕头底下“肉已经不多”的低价股却因为家家皆有，当然会是包袱沉重，欲振乏力，以后再遇上一批批“始乱终弃”的失望卖单，股价只会越盘越低！

明白了这个道理之后，请大家记住，当股市出现转机时，千万别老是贪便宜去买那些低价“安全”股，它们可能还会牛皮好一阵子呢！相反地，应该立刻快马加鞭地去追那些跑在前面的飙股，这些个股极可能是高价股，“**虽然它很贵，但是它会替你赚钱**”啊！

第 60 招

"见关不是关"的幕后真相

投资人问：

每当指数来到诸如4000点、5000点等的大关卡，我便浑身不对劲，我讨厌"猜谜游戏"，因为我永远猜错！以往每次满怀期待，认为指数必定能冲关成功时，总是事与愿违，换来满手套牢股。有几次好不容易逮到指数一口气站上关卡边缘，却又因心虚多虑，第二天一见到拉回就吓得赶紧开溜，结果又是活生生的被洗掉了。不是常常听人说有什么"假过关真拉回"这种事吗？我已经完全搞不懂了。

股市中总有太多人都患有关卡恐惧症，你不是唯一的一个！我除了要说声"莫须有"以外，还要求大家都能了解"**最危险的地方反而最安全**"的真谛！

每当指数走到一个大家公认的关卡，交易气氛总是会一下子变得严肃起来，有多少双眼睛在盯着看板，有多少颗心在七上八下！

终于，指数跃过了关卡，投资人立即爆发出了一阵喜悦的欢呼！现在就要看明天指数是否能如脱缰野马般地狂飙一番了！

好事多磨，第二天指数一开盘后不久便反转直下，最后还收了一根长阴线。已经买进了的人急得如热锅上的蚂蚁，心想又被“骗线”了；空仓的人个个津津乐道他们的洞烛先机，“早就知道这个关卡哪会有这么容易过的”！

怎么办呢？让统计数字来告诉我们！我的研究资料显示，只要指数能在盘中触及众所周知的关卡点数，那行情短期内能翻越关卡续争上游的机会高过65%！又若指数在收盘时能站上关卡，无论第二天是涨是跌，指数在下面几天顺利“出关”的概率更是高达73%以上！很奇妙是吧？下一次当你再遇上指数过关后第二天又拉回的情况时，先别烦恼，或许这是老天希望你多买一点，多赚一点的机会呢！

以5000点的关卡为例，有看空的人会等到5000点才卖的吗？他们早就在过了4900点之后就一路偷偷溜掉了！在关卡前有哪一个人不害怕？有哪一个人不谨慎？玩股票的人没有省油的灯！那么为什么指数还会站上关卡呢？答案非常简单，因为必定有股强大的买气将所有可能的卖压全部消化掉了！这就是股市，一个少数必须服从多数的地方！

了解了这个道理，我们便可以得到一个结论——**见关不是关**，真正的关卡反而常是落在——举例说，指数5000点的上、下各50点附近，也就是4950点及5050点！

还有，当指数看来是轻松站上了5000点大关，下面10天之内的成交量不能开始萎缩，出现了“高处不胜寒”的现象。简单地说，过关之后的10天之内仍都是观察期，除了量能不可“虎头蛇尾”之外，如果出现1日的巨量收阴，那更是可怕，有可能是大户在拉高出货的手法，而这也是出现“**假过关，真拉回**”悲剧的最大原因。

第 61 招

大量攻关，只有一次机会

投资人问：

胡老师，您好！我与老公都是您的忠实听众，以往只要是您的演讲，我们一定参加，只是不好意思与您打招呼而已！记得吗，在实践堂的那场演讲会中，您提到要大家“密切观察股价在关卡附近的表现”，其中又提供几项宝贵的统计数字，台下几乎每个人都拼命地在抄笔记，因此，我老公也要我赶紧记下来。但是事后我因一时糊涂，竟然把笔记弄丢了，我老公气得有好几天都不跟我讲话，我也不断自责。请问老师，您还记得那场演讲的内容吗？对我而言是太重要了！

世间上还有什么事能比挽回一对夫妻的和谐融洽来得重要呢？只可惜，我也糊涂，过去演讲次数实在太多，已经记不得你所提的内容。左思右想，觉得你所指的统计数字可能是有关股价在反弹时遇上关卡，要立即注意价量变化。现在快来回答，以回馈你们夫妻两人过去对我的热心支持！

当股价由 80 元下跌到 60 元后若它开始反弹，第一个必须克服的重要关卡便是在 80 与 60 元间的中间价位 70 元。任何用功研究股价趋势的投资人都会观察股票在70元附近的价量变化。

通常股价在弹升至69元以上，卖压便会逐渐增强，关键时刻若量与价配合无间，股价又能一举突破70元关卡，这便是涨升力道十足的证明，而第二天股价即使拉回也能守稳70元的话，则股价极可能再接再厉挑战下一道，也就是75元（70元加80元除以2）的关口。你在此时可以考虑暂缓卖出，甚至酌量加码买进。

相反地，若股价在70元关卡连续三次无法攻上，依据统计，拉回整理的概率已高达九成。此外，也须注意，攻关时的量若大于该股最近10日平均量的20%，则股价平均只有两次冲关机会。更特殊的是，经我们长期统计，如果冲关时的量已超过10日均量的40%以上时，便只有一次机会，简直是“不成功便成仁”了！

我们花了整整5年的时间不断观察与比对，才得到这几个小小的统计数字，也算是珍贵吧，希望所有投资朋友都能善加利用！

第 62 招

盘中看盘四大“机密”

投资人问：

我今年 70 岁，别小看我是个退休已久的老人，但是体力仍然充沛且充满斗志。自从接触到了股市以后，深深觉得这是适合我参加的最佳竞技场，终于可以退而不休了！我每天 9 点必定准时到证券公司营业厅报到，发誓要努力学习盘中看盘的技巧，然后呢，我希望能在股市中创造美好的第二春！只是，到现在为止，已经半年多了却还抓不到窍门，真希望有高人指点。

您的好学不倦精神令我敬佩，能为长辈服务是我的荣幸。

随着行情转趋热烈，每天盯着电脑看盘，甚至一早赶到营业厅去报到的人越来越多，能够抢到一席之位舒舒服服地坐着欣赏股票的精彩演出是现代人生的一大乐趣！遗憾的是，我发现有绝大多数的观众并不真正懂得如何去欣赏个股的精彩表演，去挖掘其中的宝藏，他们很多只会盯着自己的一只股票，对别人的个股根本瞧也不瞧。当然，也有不少人是坐在营业厅里却梦着周公，原来他的个股已经“跌停封死”很久了！我要提醒大家，周公可不是财神爷，想在股市中赚钱要靠自己，要学会现场看盘的技术才有机会！

盘中看盘的技术很多，但总不外乎四大原则，那就是“上下沾光”“联想”“比较”与“价量异动”！

一、“**上下沾光**”来说，往往你会注意到看板中有一只个股出现一路买进直奔涨停，别只懊恼中奖的不是自己，要建议赶紧盯着它的上下个股看，它们常常也能受到感染而因此沾光。但如果它们仍是垂头丧气也要注意，那或许是生病了。长久观察投资人的心态发现，原本他们考虑卖出的个股是落在某一只涨停股的旁边，便立刻会燃起希望而惜售观望，真是奇妙！相同的道理，你的个股如果“风水”不好，被排到一只“经常”会跌停板的个股旁边，那我劝你趁早“搬家”吧！股票感冒也是会传染的！

二、在“**联想**”方面，则须运用你灵活的想象力。最简单的例子是，当看到行情热闹滚滚，交易量快速大增，你会不会想到盈收必定受惠的证券股？再从“中级班”来举例说，当看到盘面上出风头的尽是10块钱的低价股，你会不会考虑将手中高价位的“积忧”股做个转换？最后从“高级班”来举个例：你注意到盘面上越走越强的个股具有什么特色？是环保概念股，还是能源概念股？与它们有关联的上、下游产业又分别是什么？总之，谁先发觉到“秘密”，他就是大赢家！

三、至于“**比较**”，则更是重要。每天都要注意自己的个股，与昨天相比是不是有暴量的现象。只要用心，即使有庄家用障眼法也会被你一眼看穿，因为成交量是骗不了人的！

四、好了，“博士班”要上课了！在盘中是否注意到平日只有稀稀疏疏成交量的个股，开始出现密集的大单？它们是急着交易在非买到不可的**外盘**或是忙着以**内盘价**便宜出清？对用功的人来说，这些都必须详加研判。因为，想在盘中捞到好处，身手必须矫健。

另外，已经静静上涨了一波的个股，在盘中一旦开始冒出一笔笔的大单，即使是股价还在上涨，对许多吃过“拉高出货”闷亏，或是不喜欢与大户“同桌吃饭”的人而言，就是到了“留点钱给高手赚”的时候了！

既然要看盘就要看出心得，就要看出任何“价量异动”的蛛丝马迹，否则便是浪费时间。

盘中看盘真是要有技术！

第 63 招

技术分析在熊市中的盲点

投资人问：

我勤研一堆技术分析整整半年，终于在 2002 年正式投入股市，准备大显身手。但连做梦也没想到，才短短的三年不到，我已经成为股市中的头号伤兵，简直是溃不成军！回想这三年来，我完全一步一步依照课本上的技术分析法则来做进出的决策，但是却发现这些法则根本只是花拳绣腿，中看不中用，否则我怎么会沦落到今天这种窝囊地步？我气，我气，我气气气！

技术分析大多具备某种程度的统计根据，不能一笔抹杀。但是在 30 年来的实战经验中，我一再注意到技术分析也常会有它的盲点！特别是，在熊市中它往往会一再失灵。所以，我常常提醒投资朋友，**技术分析不是永远的万灵丹**！现在，别生气吧，让我们一起分享一些经验！

在熊市中，一些以往极为灵验的技术分析法则不但会彻底失去准头，有时还会成为“反指标”呢！

许多技术分析中的法则，举例说，**价涨量增、线形呈现多头排列、股价站上颈线**，等等，确实具有统计数字的根据，运用它们来做进出的决策常会感觉得心应手，相当具有参考价值。问题是，这些法则通常只适用在牛市中。在空头行情中，你如果还是依样画葫芦地不知及时修正甚至反向操作的话，准保你在吃足苦头之余，连自己是怎么赔的都还莫名其妙！

以成交量为例，在熊市中，由于缺乏赚头，自然会造成交易清淡，成交量大幅萎缩。不变的是，跌深总会有个反弹。而就在反弹之初，一些自以为相当了解技术分析的“专家”便会逮住机会，立即发表高论：“在未放量前不可轻举妄动！”偏偏事与愿违，指数不断扶摇直上。几天后，投资人终于有了反应，成交量开始迅速扩增。这时，同一批“专家”又会改说：“量能增加，反弹确认！”不幸的是，大盘很不捧场，开始一路回跌，股市中于是又添增了一大批赔得莫名其妙的苦主！

历经无数次的熊市洗礼，我早已注意到，在持续低迷的行情中，当成交量开始大幅扩增时，反而是个“卖点”而不是“买点”！

我常常注意到，一些还没有吃过熊市苦头的投资顾问，在行情刚刚开始反弹时候也会跟散户一样抱持半信半疑的态度，等到指数涨了一大截以后才又后知后觉地说“线形已呈现多头排列，涨势确认”，或是“黄金交叉出现，发出买进讯号”，预测结果又是“准”得令人啧啧称奇，只可惜是搞错了方向！

在熊市中，当“线形多头排列”时，通常是个大好的卖点，而不是买点，因为大盘一定已经反弹了一段时间，风险自然相对加大。再请注意，在空头行情中有的只是“跌深反弹”。没有在多头行情中所谓的“确认涨势”，如果分不清楚这两种状况，岂不误人误己？

在熊市中任何反弹都极为难能可贵，而且经常只是昙花一现，传统技术分析发出的买进讯号只会让你越套越多、越陷越深！

第 64 招

行情下跌，“手忙脚乱”的人反而才是高手

投资人问：

我在一家证券公司负责打扫大厅的工作已经7年多了。在这段漫长的时光中，我注意到一个特殊的现象，那就是每当行情一蹶不振的时候，在空荡荡的营业厅中总是有一位姓吴的客户一个人坐在第一排盯着大屏幕深思，并不时地忙着做笔记。这位吴先生平常在营业厅挤满人潮时反而从未露过面，真是怪人一个。但听营业员说，这个“怪人”是个选股高手，每次他买进什么，不久之后都会有令人羡慕的表现。有一次我忍不住地跑上前去请教，但他只轻描淡写地回答：在这种时候才有淘宝的机会。我可是听不懂，请问他是在故弄玄虚呢，还是真有一套？

感谢你在无意间引出了一个股票投资的重要技巧，我当然要好好回答。另外，吴先生是个不折不扣的高手，他已经履行了**在股市中应与大多数人背道而驰**的制胜秘诀。

我常常说：行情在下跌时，那些手忙脚乱的人才是真正的股市高手，因为他们在别人目瞪口呆、束手无策的时候，反而忙着寻找机会；等到行情飙升时，高手则会远离看板，减少受情绪影响而动

摇长期持股的意愿。

处在大盘回档阶段，股票往往会被套牢，但不能只“坐以待毙”，要及时换股操作！

股市在全面狂飙之际，投资人因为追不上本来要买的股票，一时之间“无鱼虾也好”，随便抓只还没有涨停的个股，希望能混它个几块钱，也总比完全缺席来得好。

就是因为这种投机现象，总是造成股市在持续大涨一波之后，许多原本“素行不良”的股票竟也能趁机溜出来搅和一番，造成“鸡犬升天”的盛况。一时之间，投资人也的确无从分辨“真假”王子究竟谁是谁了！但是，当股市一旦全面退潮，这类烂股通常总是第一个“见光死”，跌得比谁都勤快。能早日认清它们的真面目，倒是塞翁失马，焉知非福。

因此每逢股市退潮，投资人在普遍被套牢时，与其消极地乱发牢骚，不如积极地做点功课，先将抗跌性较佳的股票留下，然后对那些“见不得人”的要壮士断腕，换成重新挑选的明日之星。再举例说，遇上行情频频下跌，要赶紧去寻找已率先呈现“价稳量缩”的个股。最好能挑出成交量已经迅速缩小到回档前一半以上，甚至只剩三分之一的那种。量缩代表惜售，也代表还不死心的人不多了，这样，股市反弹，才有可能在最短时间内一次反败为胜。

在短线操作上，也常会在盘中遭遇突发性的利空偷袭，出现山河变色的状况，但这其实是老天爷在定期为你的手中持股做免费的健康检查，那些仍然健步如飞的个股才是真正值得你去依靠的对象。

随时提醒自己，**只有空头行情才能诞生多头英雄！**

第 65 招

“牛皮盘”，何时休

投资人问：

我是个急性子的人，因此，最怕遇到不上不下的牛皮盘，卖也不对，买也怕怕，烦透了！其他朋友总是劝我耐心等待，但却没有一个人能告诉我还要等多久。股市虽然变化万千、难以捉摸，但我总认为应该有某种统计数字可以对盘整时间的长度或是形态稍作预测吧！

行情在大涨大跌之间总是会出现一段时间的牛皮盘整局面，许多个股简直像是被胶水粘住了一般，动弹不得。上不去，却又跌不下来；空仓的人捡不到便宜，而满手股票的人也赚不到差价，真是烦透了！

你或许从未想过，股价大涨或是大跌的时间其实并不长，反倒是“盘局”在整体股市中竟占去了超过50%的空间！这便是说股市其实有一半以上的时间都是处于牛皮盘整的状态，你要学会适应！

盘局通常又可分为“盘坚”或是“盘软”两大类，要确定是属于何种，通常可由价与量之间的互动来加以分辨。

一个健康的股市，其价与量总是配合良好，亦即价格上涨，成交量伴随扩增。但倘若指数在数天之内缓缓上升了 100 点，看似将有转机，而成交量却天天减少，这便是行情已呈现“盘软”的先兆！反之，当指数开始走稳，而成交量却开始增加，这就代表行情已在酝酿“盘坚”走势！

此外，想要研判盘局何时可由弱转强，就只有靠计算成交量来推估了。

举例说，指数由 5000 点跌至 4500 点后开始盘旋，要知道何时能结束盘局，则必须回头找出上次指数 4500 点时是出现在哪一天，然后加总上次 4500 点到此次出现 4500 点之间各天的成交量，将这个总成交量除以 2，便得出了一个**套牢成交量**。日后盘整期间的累积每日成交量若终于超过了前面所计算出的套牢成交量，那么牛皮盘局便有可能随时结束。

采用这个算法，是着眼于那些在 4500 点起涨以来就已经买进而一路套牢到盘整开始时的人，大约有一半（我的统计是 53%）会按捺不住长期折磨而陆续“缴械投降”。因此，一个完整的盘局消化时间，必须长到足以把这些沉不住气的浮额彻底“清场”之后，才会有下一阶段的突破。

对了，这套算法对个别股票也照样适用。许多知名操盘人宁愿耐心地等待浮额经过彻底清洗而不会去冒险买进任何急急拉升的个股。

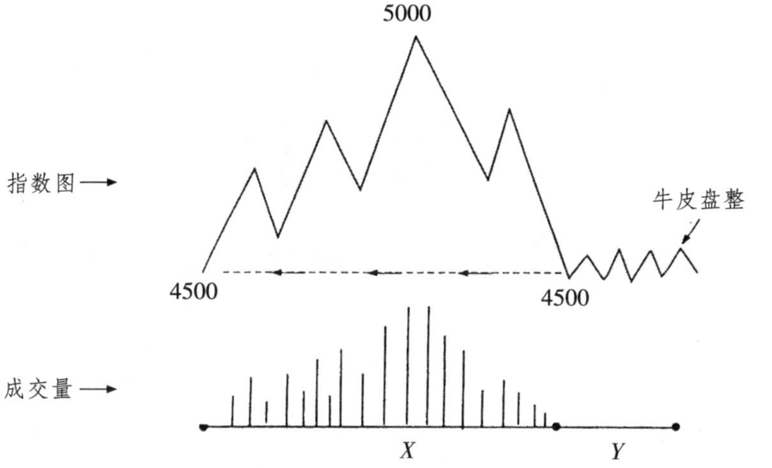

X（全部张数）÷2 = Z，当（Y 全部张数）> Z 则表示彻底洗盘完成

前阵子，我在伦敦演讲时认识的一位基金经理人史考特曾来电表示，他已要求手下的 10 多名分析师依上述方法设计出了一套电脑程序，来大规模寻觅这种浮额经过有效控制的个股。

只要清除一半以上高档套牢筹码盘局便有转机

第 66 招

摊平操作？小心被“摊平”的是你自己

投资人问：

最近股市表现不佳，我的股票也跟着倒霉，一口气暴跌了20%，很想趁低再买进一些来降低成本，否则将来还不知道要等到什么时候才能解套呢！这样做，对吗？

每次股票下跌，都会有人在问是否可以逢低补仓以降低成本？老实说，我不赞成！因为过去看过太多例子，能幸运解套的少，反而是越陷越深的多。

当股票骤然下跌时，多数投资人会硬着头皮加码买进，一心期盼能摊低进货成本，以后只要来个反弹，就可以不必苦等股价回到最原先的买进价位，提早安全下车了。

我并不鼓励这种做法，有两个理由：

（1）加码容易激发赌性，造成错上加错。当第一次做出的决策根本就是个错误，那当然就会越陷越深，永难回头。等到加码两三次后，更会激发“豁出去算了”的赌性，造成一败涂地的下场，也印证了所谓的“**一步错，全盘错**”。

（2）摊低成本的做法在理论上并没有错，但问题在于没有人知道股价到底要到什么价位才会反弹，如果没有长期投资的心理准备，绝对会虎头蛇尾，全军覆没。例如，股价从10元下跌，跌到8元时会反弹吗？如果勇敢加码后股价又跌到5元，许多人在绝望之余只有含泪卖出。

正因为难以算计反弹的时机，越买越多的“倒金字塔”式摊平操作，绝对禁止。当股价走势已经和原先预期背道而驰且渐行渐远，应趁早脱身，怎能还去加码买进，小心被“摊平”的是你自己。

买错股票切莫逞强，悬崖勒马才是上策

第 67 招

买进早两天，卖出晚两天

投资人问：

我一直是个极度缺乏决断力的人，面对问题总是东想西想、犹豫难决，而这种个性更是让我在时常需要做决定的股市中吃尽了苦头。举例说，每次在看中了某只股票之后，光是考虑该现在买还是过两天再买，就要痛苦挣扎好一阵子。最悲哀的是，明明眼光正确，却因为拖延而错失了原来可以低价买进的机会，太令人生气了！请问，你有没有见过像我这种不干脆的投资人？我以后究竟该怎么做？

已经决定要买进一只股票好几次了，但每次到了该付诸行动的时刻，却又因瞻前顾后而改变了主意。你们有过这种经验吗？不足为奇，每一个人都有过。而改变主意的结果偏偏又常是以悲剧收场，该买却没买，眼睁睁地看着股价天天大涨，头痛加上胃痛的滋味可不好受！

很多人在决定买进股票以后，临时又决定再看一看，东看西看的结果是——不买了。伤脑筋的是，第二天股价倘若大涨，他们能按捺得住吗？反正迟早是要买的。经验告诉我，与其将来苦苦追高，不如提前两天买进。

当决定卖出股票，情况是恰恰相反。由于已有差价可赚，大家表现得既大方又勇敢。但结果呢？总是卖早了。眼见别人又是龙虾又是牛排，自己呢，唉！只喝了一碗牛尾汤，太糗了！的确，很少有人能幸运地卖到最高点，原因80%都是——卖太早了！既然如此，如果每次卖出都能晚两天的话，往往能卖到较高价。

自从我建议“买进早两天，卖出晚两天”以后，大家在股市中不再犹豫彷徨，也交出了更漂亮的成绩单。

“**买进早两天，卖出晚两天**”，很神奇的10个字，把它记下来吧！

第 68 招

兼顾“投资”与“投机”的两全之计

投资人问：

我过去经常一买进一只股票，第二天它就下跌，真是好背！但是，在上个月情况似乎有点转变，连续两次买进以后，都立刻见到股价上涨，心想可能是要转运了。但不知怎的，才涨了两三块钱，它却又跌回到原地，真是白玩了。我觉得，坐着等股票上涨的感觉，就好比是痴痴地在守株待兔，既没钱赚又浪费时间。请教大师，可否传授“妙招”？

投资人在股市中可以学习如何利用手中一部分既有的持股来赚点差价，特别是在平淡的行情中，一定要充分把握每一个难得的上涨机会。

会买进一只股票，一定是极为看好它未来的“钱”途。但是，任何人都知道，**世界上没有天天上涨的股票**。有些股票往往在上涨了几元之后又跌回了原地，简直会把人气得发疯。因此，要如何不浪费每一个交易日，并且逐渐将手中持股的成本降低，的确是一门学问。

基本上，可以利用手中持股的半数，随时掌握机会“高出低进”，以来回赚取差价，这样一方面可以将成本越摊越低，一方面又可以享受一下“炒短线”的乐趣。至于剩下的一半持股，既然你是长期看多，就抱着吧。

举例来说，你是以70元买进了10手，当股价上涨到73元时，先卖出5手，然后便静待71元时回补，无形中整体持股成本已经降低1元而变成69元了。假若能来回做个几趟，确实可以降低持股成本，更能享受玩玩短线的乐趣，称得上是一举两得。这种方法遇上股价呈现规律起伏的箱型整理时，更会让人大大欢喜。

当然，常有人问：“如果这只股票会涨到80元，那这么做岂不是少赚了吗?”我的答案是：“你能确定它一定会涨到80元而且是一路上升吗?更何况你的手中还有5手是准备长期投资的呢!”请放心，大多数人都反应，如此做最不会令人患得患失，而且是最灵活的投资方式。

但当你买进之后，股价便一路下跌那又怎么办?答案是：这个游戏便玩不成了。因为理论上，“高出低进”的原则是可适用在下跌的过程中，但实际上，没有几个人在股市牛皮不振、股价连番下滑时还有兴致不断向下降低成本的。因此，设定止损才是一劳永逸的做法。

第 69 招

“三梯次买进法”，可面面俱到

投资人问：

胡老师，您知道吗，上次您在北大演讲的时候，我终于找到机会和老师握了手，感觉非常兴奋，希望自己有朝一日也能变成投资高手。其实，我还是个初学者。一直想咨询一个让我痛苦了很久的问题。遇到一只上涨中的股票，买了，就怕被套；不买，又怕后悔。真是让我又爱又怕，左右为难。

相信每一个投资人都有过这种体验，好不容易看中了一只股票，几经思量后决定买进。讨厌的是，股价已经由 25 元涨到 30 元了。心急？生气？真是不知如何才好，尤其你总感觉股价可以涨到 35 元。此时，不要懊悔，只要采用“**三梯次买进法**”，你还有机会。

如果你原先预备购买 30 手，现在可以将 30 手以一批 10 手的方式分为三梯次操作。第一批先以市价立即买进。一旦股价回跌 2 元左右，可买进第二批，但第三批则需留在倘若股价回到原先的 25 元时才能买进。

总之，买进了第一批之后，在 30 元以上就绝不再加买了。最后，既然你当初相信股价会到 35 元，便该计划好在 35 元时全部获利了结，即使你只买进了第一批。

使用这套有计划的“**三梯次买进**”，能促使投资人按部就班、心平气和地买进卖出，不会因股价的上下波动而患得患失。

从我过去指导许多客户的操作实例来看，“**三梯次买进法**”是处身于股市震荡行情中，最能让他们冷静下单的投资方法。因为，手中已有持股，便不会慌慌张张地再去冲动追高，手中保有现金，遇上拉回便可开心逢低买进，再配合预先设立的一个不太“贪心”的卖点，进出有序，简直是一个超完美的投资布局。

使用“**三梯次买进法**”，只要半途不自乱阵脚，投资人总是有不小的机会，能完成全盘买卖计划。相当奇妙，不妨一试！

第 70 招

聪明投资基金的六个守则

投资人问：

我是一个去年才步入社会的上班族，但在家人的建议下，决心提早学习投资理财。同事都说，买进基金既省时且省事，风险很低，是最佳的理财方式。这听起来简直是太完美了，然而，事实真是如此吗？

处于低利率时代，大家都在努力寻求较佳的投资管道，基金买卖正在全球掀起一股热潮。

但由于基金的种类越来越多，投资人常感到眼花缭乱。未来挑选基金将比股票还难，有必要立即献出我的“锦囊妙计”。

很多人以为买卖基金就是将资金交给专家去做投资布局，自己只要高枕无忧地等着收钱就好了。其实，这是一种因认知不够而产生的误解。

过去二三十年来，我亲眼见到一幕又一幕因为买错了基金而血本无归的悲剧，是谁说购买基金没有风险的？将自己辛苦赚来的血汗钱拱手交给别人来赔，到后来还不知道是怎么赔光的，真冤枉，不是吗？

有关于基金的种类、投资标的、过去绩效等详细资讯，在各发行机构都有详细的说明与介绍，投资人可以轻易地取得，在此便不做赘述。但买卖基金想要获利，一定要切记我为大家整理出来的六项守则：

（1）股市出现恐慌性的大跌，要买

如果你是购买指数或股票型基金，请注意，股市涨来跌去，每一年平均会有至少三次大涨30%以上的机会，因此，遇上大跌，就是你买进的时机。学会波段操作胜过买进了就搁着不管。

（2）获利达到30%，要卖

过去，基金专家对于止损与止盈该设在什么地方，总是争论不休。现在，全球有超过三成的基金投资专家都在使用我所发明的“华尔兹操作法”，将获利出场目标设在30%，而将止损限定在10%。

（3）绩效已经长期名列前茅的基金，不买

这些基金，出现大幅修正的概率很高。我建议，应多留意排名暂时在中前段，但有显著进步的黑马。

（4）已过度炒作的热门题材型产品，不买

2000年，纳斯达克网络科技股大崩盘前的几个月，只要翻开报纸，有三分之二的基金广告都在标榜投资的是网络科技类股。

已被大家高度关注的热门产品，价格通常都在高档，此时再投入，很容易成为“轿夫”。

（5）当发生连动式的金融风暴或全球股灾，快卖

经常，短短两周的暴跌，就能吃光指数整年的涨幅。遇上可能拖上一段时间的利空，别把头埋在沙里，宁愿卖错，都应先出场观望！

（6）三个月一次“健康检查”，半年一次“大扫除”

即使是采取“定时”“定额”的方式来投资基金，每三个月也要计算一次投资报酬率，并与同类型其他基金做个比较，表现不佳的列入“留校察看”。每半年必须做一次“大扫除”，与操作股票的方式一样，必须不带感情地汰弱留强。

基金经理人常是“死多头”，对于推广自家产品多是拼命喊买，并且报喜不报忧。有了以上六项守则，就能让你做出更冷静的判断与选择！

第71招

“定时、定额”再加“定对象”，获利马上三级跳

投资人问：

近几年来办公室中同事们都流行每月固定将部分薪水转去投资基金，这类标榜定时、定额的投资工具的确很受欢迎，只是不清楚它们的运作原理。还有，我们可否运用这种方法，在股市中自行操作？

一般基金都是强调定时、定额的投资方式能稳定获利。事实上，你若选择自行操作，还可加上“定对象”这个条件，这么一来，就更能大大提高获利率了！

买卖股票，每个人都知道**低买高卖**才能赚钱。但是，有几个人能持之以恒地做到呢。要想在股市中制胜，首先必须克服两大人性缺点：**太胆小与太冲动**。通常，投资人碰到股价大跌的时候，由于太胆小，卖都来不及了，哪还有胆量趁低买进。相反地，碰到股价大涨的时候，见到别人个个都在赚钱，太冲动大买特买，结果个个套在高档。

经过长时间的实例证明，“**定时、定额、定对象**”的投资方法，能有效克服这两大人性缺点，使你在股市中成为“不倒翁”。

定时：选定一个固定的时间，举例说，每个月底。

定额：每次支出固定金额来购买股票。

定对象：自始至终，都购买同一只股票。

这种机械式“**定时、定额、定对象**”买股票的优点，是当股票下跌时，除了可以让你有“**胆**”在低价位买进更多的股票外，而当股价上涨时，又因为有了定额支出的约束，购买的股数自然相对减少，避免买高。长期平均下来，手中持股的平均成本，将大大降低。

这种方法，只要持续不断，买了两三年后，一定会因进货成本的便宜，而居于优势地位，因为你已经确实做到了“**低买**”。往后股价开始上扬时，你就可以分批把股票卖出，达到了“**高卖**”目标。

这种“**定时、定额、定对象**”的投资方式，因为不去斤斤计较每日股价的涨跌，就能克服人性的缺点，的确是一种极佳的长期投资方式。

根据经验，使用这种投资方式，获胜率可高达九成。这是因为，股票永远都是涨来跌去，循环不已。而在此投资方法下，股市涨跌越剧烈，持股的成本便可越低。稍后只要碰到一个大多头行情，就是丰收的时刻了。

当然，使用“**定时、定额、定对象**”投资法，仍必须严格遵守以下两项原则：

（1）选定的股票（对象）必须是值得投资的顶级绩优股，否则一旦公司出了问题，一切都完了。如果对单选一只个股没有把握，那么可以一 次选择三四只股票来同时进行投资。甚至，考虑选择一只优良的基金来作为固定投资对象，但基金价格浮动相较不大，效果难免打点折扣。

（2）必须持之以恒，不可时买时停，倘若半途而废，便会前功尽弃了。

定时（月）	定额（元）	定对象（股价）（元）	投资股数
1	10 000	10	1 000
2	10 000	14	714. 28
3	10 000	10	1 000
4	10 000	5	2 000
5	10 000	2	5 000
6	10 000	4	2 500
7	10 000	6	1 666. 66
8	10 000	10	1 000
9	10 000	15	666. 66
10	10 000	18	555. 55
11	10 000	12	833. 33
12	10 000	**10**	1 000
累计	**120 000**	**116**	**17 936 48**

116 ÷ 12 = 9. 66（每股平均买价）

120 000 ÷ 17 936. 48 = 6. 69（每股成本）

每股成本 < 每股平均买价

第 72 招

下单数量要随时变化

投资人问：

我最近搭飞机时，在候机室见到有一群乘客很兴奋地围着胡先生在问有关买股票方面的问题。我只听到其中胡先生回答了一句好像是：“如果你们永远都是以一样的手数去下单，那么就会输定了。”这句话是什么意思？真有这种事情吗？我很好奇也很想学！

大部分的人在下单买进或卖出股票时，手数几乎都是固定的，那是一种习惯。

我以前在华尔街担任投资顾问时，许多熟客下单只跟我说买进的价位，我就知道他们指的分别是买 500 股、1000 股……或是 2000 股，连问都不用问。

我一直很纳闷，其实这些客户进进出出买卖股票都是有赚有赔，但为什么每次到后来一结算起来总是沦为输家？直到有一天，我在著名的赌城——拉斯维加斯度假时，才意外找到了宝贵的答案。

在那边，我认识了一位来自中国香港的留学生，她当时为了筹措学费，已经在“二十一点”的赌桌上担任发牌员两年了。她跟我说：“大多数的赌客一坐下来之后，就会习惯性地以相同金额下注。举例说，每一注永远都是两块钱，一直玩到离开为止。”她又说：“长久下来发现，如果赌客不懂得随时变换下注的数量，像在手风顺的时候多下一点，而在手气背的时候少下一点，或是休息几把，那么只要一直玩下去是必输无疑的！”

我听完以后简直是恍然大悟，她无意间居然还教了我这个同样可适用于股市中的一招！

买卖股票确实掺杂着投机成分，而投资人必定也时常会遭遇到所谓的运气好与背的时刻，如果每次老是一成不变地都是买“500股”，会丧失了原来是属于自己的“主控权”。

在股市中，相信大家都有过怎么买、怎么套的经验，不是吗？在遇上不顺手的时候，出去度个假吧！

如果你买什么股票，什么股票就跌，
卖什么股票，什么股票就涨，表示你可以休息一下了

第73招

股市高手，各拥绝技

投资人问：

“胡老师，您在股市中可说是经过各种大风大浪，一定也听过不少有趣的操作技术和理念，可否跟我们分享，也让我们增加一下见闻？”

的确，我在股市中见过的奇人奇事，真是三天三夜也说不完。嗯！我想一下，不如就来说说我那几位同事的投资秘诀吧，挺值得大家学习的！

举例说，斯蒂夫这位操盘高手就表示，他选股票比挑老婆还来得慎重，每次在买进之前除了必定将公司简介以及财务状况背得滚瓜烂熟之外，还会不厌其烦地随时打电话与公司发言人或是高级主管探询近况。有时，他甚至会千里迢迢地开车去参观工厂，对公司的产品往往比对自己的儿子还清楚。他说，只有这样，才能带给他长期持股的信心！只有这样，他才能在行情动荡不安时照样睡得着觉！

反观我们自己，有几个人能做到这样？

我发现有太多投资人买进的对象根本只是一堆毫无感情的数字，

而不是一家对它了若指掌的公司。于是，只要来个风吹草动，有谁不怕血本无归？结果个个都变得有点神经衰弱了！

现在来谈谈另一位顶尖高手艾伯特。这位意大利裔的美国投资专家当初曾慷慨地教了我一招盘中仔细计算个股交易量的技巧。

他原来是位桥牌高手，深刻了解要知彼知己才能百战百胜的道理，于是将计算桥牌点数的方法转用去计算个股的每笔成交手数。

他发现法人机构或是主力大户下单的手数有一定的模式，而下单的时间间隔（Time Interval）更是有某种习惯性。只要能持之以恒地追踪到底，那么就像是有了一面透视镜可以一眼洞穿法人大户的"买卖策略"！能看穿了别人的底牌，焉能不胜？

你若能学他，也细心观察自己个股的买卖单习性，就能做到与大户**思维同步了**。

最后，另一位同事，是超级投资顾问约翰。约翰的客户都是下单动辄以 10 万股为基本单位的法人大户。因此，建议买进时，即使仅是区区一两毛钱的价差，都会对客户造成莫大的影响。

约翰发现，指数当时在单日的上升波段平均每次可能维持 15 分钟左右的上冲，也就是说，在每向上爬完 15 分钟之后，被上档卖压打回的概率便会相对提升，而拉回喘息的时间经常要维持 10 分钟左右！很显然的，指数跟人一样，爬坡爬到一定的时间程度，便需要喘一口气！指数的涨跌会立即影响个股的表现，因此，要学会顺着它。

约翰认为，买进一只个股，下单之前当然要先确定你正与指数上上下下的节奏完全吻合，千万别在指数拉升了 15 分钟左右才进场，要等它拉回！

因为约翰的细心观察，总让客户在盘中都能准确拿捏个股的买卖节奏，深得他们的欢心。

我一口气介绍了三位老友在过去所虔诚遵循的投资法则，目的无他，只为强调在股市中每一位投资人迟早都应寻觅到至少一套值得自己信赖的研判方法，这样才能增加投资时的信心，这样也才有机会成为股市的大赢家。

第74招

成为“顶级富豪”的真正秘密

投资人问：

很高兴胡老师上个月再度回到华尔街为我们上课，我就是班上那位一直发问的保险公司业务代表。老师说，美国牛市自2002年10月启动以来，已带动全球股市、房市狂飙了5年，暴涨了3倍、5倍的比比皆是，因此，建议我们要谨慎投资。我是个急性子的人，看到别人赚大钱，实在按捺不住，就怕再也没有机会了！

小时候常对“大富翁”充满好奇，不知道他们是怎么办到的？我的老师说：“只要努力工作，有一天你也会很有钱！”父母亲则强调：“有钱不见得快乐，不要去羡慕！”朋友却老是感叹地说：“人家八字生得好，要怪就怪咱没这个命！”这些说法或许都对，只可惜不是我想要追求的答案。日后，在美求学、就业，我终于了解，那些大亨之所以有钱，除了本身事业有成之外，**他们大都抓准了经济荣枯的节奏，踩对了投资的脚步。**

如果没有经过“高人”指点，一般人总是会恰巧走反了投资的脚步，该买的时候他们卖了，而该卖的时候他们却反而会去买进，结果是一步错，全盘错，终其一生都陷在这种错误的循环之中。

其实，**投资就好比跳舞，只要一开始吻合节拍踩对了脚步，就能在美好的华尔兹舞曲中享受到乐趣**。相同的，你一生之中只要踩对一次投资的脚步，就足够将小钱养成大钱，而且以后会越走越顺！

经济的荣枯总是由谷底爬升到高峰，再掉回到谷底，而真正能让你投资赚大钱的却只有谷底的冷清阶段，而能让你血本无归的往往反而在高峰的疯狂阶段，千万别搞反了！

以股票投资为例，最好的买点都是出现在景气的谷底，但有几个人懂得这个秘密？即使懂却因手头太紧、心有余而力不足，更会令人伤心。

大多数的人都是在不景气的时候没钱，而要等到景气转好了一长段时间之后，才慢慢累积到闲钱。不过，**想成为有钱人你就必须先做到在不景气的时候有很多钱！也就是说，在别人没钱的时候你要有钱，这样才能将大多数人看得到却吃不到的一堆机会全都带回家了！**

从现在起，积下每一分钱，然后要切记，一路避开诱惑，耐心等待下一次景气循环的谷底来临，那才是你应该全力以赴，做重大投资的关键时刻！

最后，你或许会问，两次经济谷底的间距有多久？依据过去统计资料显示，短则三四年，长则七八年，平均大约是五六年。听起来要等很久是吗？

想成为“富豪”，这样的等待当然是值得的！

有趣的十二星座投资术

第75招

十二星座股票投资术(一)

——摩羯座、水瓶座、双鱼座

投资人问：

最近几年似乎很流行以十二星座来分析一个人的个性，我很好奇，是否也可将这套来自西方的洋玩意运用在股票投资上面？我是个带点叛逆性格的水瓶座，过去在股市中总是横冲直撞得满头包，难道是天生与股票相克？干脆直接告诉我真相吧！

首先，我要奉劝你对待股票一定要温柔一些，在股市中怎么可以横冲直撞呢？我早就已经注意到了，一个人的个性会决定自己在股市中的“钱”途，只可惜没有人能拥有十全十美的性格，倘若能将其中卓越部分发扬光大，并修补缺失，就能创造美好的投资前程。为了证明，我很有计划地将几千名客户的星座输入电脑，然后每隔三个月，就将他们的投资绩效做个短评。辛苦的耕耘总算有了不错的收获，大约在三年后，果然发现同一星座的人比较容易去犯同样的错误，相当有趣。现在，我很乐意将自己的研究心得——十二星座股票投资术，提供给大家做个参考。

摩羯座（12 月 22 日 ~1 月 19 日）

要是在营业厅里看见了默默低头，到了晚上还在拼命做功课、研究股票的投资人，十个大概就有七八个是摩羯座。因为摩羯座是非常实际且不盲从的，对于股海中众多的消息面来源都会仔细过滤，常常宁愿选择看得到数字的报表。不过奉劝野心勃勃的摩羯座，用功固然重要，但可别变成书呆子了，灵活得法的投资才可以帮你事半功倍。

我对于摩羯座投资人的叮咛：

每次接触到摩羯座投资人的眼神都不得不肃然起敬，因为由他们的眼神中可以看到那种想要制胜的熊熊烈火，透露出想要征服股市的强烈企图心。

的确不错，有旺盛的企图心正是在股市中制胜的原动力，而摩羯座的人经常可以交出一张漂亮的投资成绩单。只不过，他们在求胜心切的情况下，轻则会走火入魔到处寻找偏方，希望能在股市中长生不老；重则常因患得患失而紧张得吃不下饭、睡不着觉。

我要建议你，放松心情，并请记得，投资股票的第一目的不是在赚钱，而是在增加生活的情趣。其次，对任何研究应适可而止，不可走火入魔，否则迟早会被自己逼疯的。

水瓶座（1 月 20 日 ~2 月 18 日）

水瓶座投资人天性叛逆，选股方式自然非常特殊，平时他们对于个股的利多或利空因素反应迟钝，而且排斥，不过一旦别人说服了他，反而会死心塌地爱上这只股票。只可惜这种投资方式总是会慢人一步，容易成为别人的轿夫。所以说，水瓶座的你别永远不按牌理出牌好吗?

我对于水瓶座投资人的叮咛：

水瓶座的投资人对数字相当迷糊，常常懒得去看一些财务报表，这是很不可取的。还有，他们往往对专业的报道觉得不重要而不愿意耐心地去吸收新知，因此，常因对个股及相关产业的认知不够，而犯下了卖得太早或是买得太晚的错误，非常可惜。

但是水瓶座的投资人却拥有一项傲人的优点，那就是他们具备天赋的想象力，对于选股能有超人一等的想象力与灵敏直觉。既然如此，应将这种长处应用在研究与分析上，就更能稳操胜券了。

双鱼座（2 月 19 日 ~3 月 20 日）

性格敏感善良的双鱼座们，常常喜欢在股市中寻找股价偏低的对象买进，然后期望它们涨回合理的价位。这种做法当然不能算错，不过双鱼座的投资人也要注意，别总是在股市中做着捡便宜的白日梦，或是因为耳根子软，而买进一堆奇奇怪怪的股票。要知道，当股市大涨一两百点而你的股票却稳如泰山、动也不动时，可是会气死人的。

想在股市中制胜，“胆”与“识”缺一不可！双鱼座的投资人虽具备丰富的知识，却稍显胆小，且优柔寡断。最明显的例子就是有惧高症，明知一只股票大有前途，却总是担心股价已过高而迟迟不敢投入。而对于高价股更是心存怕怕，敬而远之。

我对于双鱼座投资人的叮咛：

我以前有几位客户，他们手中套牢股的种类之多，说出来保证会令你瞠目结舌。这些客户有个共同点——都是双鱼座！

要强烈建议诸位，每一次的买进，都要预先设定止损点，并且严格执行！千万别跟股票谈恋爱，遇上与自己无缘的股票，早点跟它说声再见吧！

第 76 招

十二星座股票投资术(二)

——牡羊座、金牛座、双子座

牡羊座（3 月 21 日 ~4 月 20 日）

性格活跃，热情奔放的你，在营业厅里总是可以扮演着开心果的角色，结交到为数不少的朋友。当然，牡羊座并非毫无缺点。例如，个性冲动、好胜、过度乐观，这些都是投资股票的大忌。

我对于牡羊座投资人的叮咛：

许多牡羊座投资人的个性恰恰是与“有识无胆”的双鱼座相反，常会犯下“有胆却无识”的错误！他们凭着交游广阔的人际关系，的确能要得到一些消息股，然后就会不经思考地一头栽入，往往连公司是做什么的都不知道。

从现在起，在买进之前，务必多花时间去了解投资对象，千万别再像以往一样在股市中蒙着眼睛去过马路，连是怎么遭殃的都搞不清楚。

另外，对朋友别过度热心，你推荐对了，别人不见得会感激你，而你要是因多嘴而不小心让别人“套牢”，那可是吃力不讨好的。

金牛座（4 月 21 日 ~5 月 20 日）

做事脚踏实地而个性固执的你，是股市中最“死心眼”的投资人，一旦选定了目标，就真的能够与股票“长相厮守”“难分难舍”。这样的性格从正面来看是极为稳重，但若从负面来看，可就有点鸵鸟心态了。在瞬息万变的股市中，反应要快，要学会随时调整自己的脚步！

我对于金牛座投资人的叮咛：

金牛座的投资人由于定力颇佳，在牛市中不难成为超级赢家。但也因为这种“喜欢与股票谈恋爱”的个性，遇上熊市可就会惨兮兮了！

针对你的保守个性，诚恳地建议以后买股票要少量多样多买几只，以分散风险。同时，要定期检视手中的持股，遇上部分表现不佳的个股，别舍不得卖，立即壮士断腕，换股操作吧！

双子座（5 月 21 日 ~6 月 21 日）

无可讳言，你真是个聪明伶俐、才华横溢的投资人，在强烈好奇心的驱使下，你很愿意在股市中不断探索新知，这对于你的投资绩效当然是大有帮助，只是太过贪玩与缺乏耐性的你也该注意，毕竟专心长期投资才是在股市中获利的诀窍，在下单之前还是要三思、沉稳点吧。

我对于双子座投资人的叮咛：

不少双子座的投资人在股市中有“花心大萝卜”的外号，因为他们买来卖去的速度之快，常令人目不暇接。昨天才说某某股有多好多好，今天只涨个一块钱就急匆匆地又卖掉了。如果做个统计就会发现，喜欢做短线的投资人中，双子座的必定已占去不少！

因此，要提醒你，频频换股的人赚不到大钱。江山易改本性难移，也别勉强自己完全不做短线，但请记得至少要有50%的资金摆在不准乱动的长期投资个股上面。

第 77 招

十二星座股票投资术(三)

——巨蟹座、狮子座、处女座

巨蟹座（6 月 22 日 ~7 月 22 日）

顾家且又充满美好计划的巨蟹座投资人，受到坚毅个性的影响，对于股票的选择充满自信，而且是敢爱敢恨，因此，一旦是被你选中的目标，总是要狠狠捞上一票才肯罢手！不过钱财毕竟是身外之物，有时可别太过于贪心哦。

我对于巨蟹座投资人的叮咛：

我亲眼见过好几个在股市中一夜致富的传奇人物，他们都是巨蟹座！

巨蟹座的投资人常会勇猛地买进一只股票，然后咬牙切齿地拒绝卖出，一心只希望能一战成功，一次能成为大富翁。

我想要提醒你，在股市中人算不如天算，将自己的雄心大志打个六折会比较安全。对了，还要建议你，可别只押宝一只个股，多买几只会稍稍冲淡一点你的坚强赌性。

狮子座（7 月 23 日 ~8 月 22 日）

个性倔强、主见强、却又爱面子的狮子座一旦进到了股票市场，顿时就成了最具霸气的投资人，这种个性常常会令你在股市中想豪赌一把，结局当然不是大赢就是大输。要注意的是，当你发现自己研判错误时，可别为了面子问题而愈陷愈深哦。

我对于狮子座投资人的叮咛：

要说服狮子座的投资人去买进一只股票有时会比登天还难，那是因为他们的主观太强，且又万分的固执。但是一旦他们买进了一只个股，就会死抱不放。涨时如此，跌时更是硬着头皮，抵死不卖！

首先要奉劝你一句：在股市中争的是“里子”不是“面子”！

以你的投资个性，在一路涨升的行情中将会是风光十足，但是若不幸遇上了熊市，请别固执，赶紧卖掉手中持股吧！

好好地研究**《胡立阳股票投资 100 招》**中的“农夫播种术”，立刻会发现那根本是我为你所写的一招，请踏实地去执行吧！

处女座（8 月 23 日 ~9 月 22 日）

凡事小心翼翼、一丝不苟的你，是股市中最具理性的投资人，不过有时就是因为你的思虑太周密了，过于冷静的结果常让你错失一些赚大钱的机会，毕竟股市还是带着一些投机色彩，有时甚至是不按牌理出牌的呢。

我对于处女座投资人的叮咛：

处女座的投资人是出了名的谨慎与保守，买进一只个股之前，别人也许只会考虑5分钟，但是不少处女座的人可就会左思右想而犹豫不决了！

处女座的投资人最喜欢用逻辑学的原理去研判行情，结果不但是铩羽而归，而且事后还百思莫解。

股市是很奇妙的，它有时温顺得像只绵羊，有时却又横冲直撞像头蛮牛，完全没有逻辑可言。

因此，建议你，投资股票要眼观四路，耳听八方，才能灵活应对各种情况。别一直死守着自己的看法，多听听别人的意见吧！差点忘了跟你说：“想太多的人在股市中是赚不到钱的！”

第 78 招

十二星座股票投资术(四)

——天秤座、天蝎座、射手座

天秤座（9 月 23 日 ~10 月 22 日）

遇上重大决定就束手无策的天秤座投资人，在股票市场中所幸能够勤能补拙去四处寻集分析师的意见，反而很快就能发现市场中的主流股或指标股，因此，顺势操作的结果常可赚到不少，不过有时还是得控制“见一个喜欢一个”的博爱天性，免得换股过速导致“捉龟走鳖”。

我对于天秤座投资人的叮咛：

我注意到，天秤座的投资人在股市中很少有赔大钱的，因为他们的反应相当快，一不对就跑。只是，一体两面，天秤座的人往往聪明反被聪明误，忘掉了滚石不生苔的定律，换股太过频繁，以致赚不了大钱，沦为典型的劳民伤财。

天秤座的投资人确能掌握我常说的“哪边有鱼哪边钓”的原则，总是能到处探听到一些热门股。但太滥情的结果却容易犯下卖得太早的错误，还记得“龟兔赛跑”的故事吗?

我的建议是，选中一只好股票之后，就要耐心地等待它开花结果。除非是热门股已变成了冷门股，否则应专情一些，别把一只会生金蛋的金鸡拱手送人了！

天蝎座（10 月 23 日 ~11 月 21 日）

神秘兮兮的天蝎座投资人也具备“打破砂锅问到底”的性格，所以对于每一次的投资成败都会详加探究、记录，这是一种不错的投资习惯，在股市中也因为喜欢指导别人进出而能结交不少朋友，不过你有时也要改变一下自己，真心聆听别人的意见！

我对天蝎座投资人的叮咛：

天蝎座的投资人在股市中总是孤军奋战且自视甚高，是属于“爱搞神秘”型的人物，但因为具备神准的第六感，加上能言善道，深受朋友重视。但缺点是，他们对个股的了解经常是广而不精，太广泛研究的结果是每只个股似乎都懂一点，却又无法深入地说出个所以然来，反而常常面临不知道该选择哪一只股票买进的困扰。另外，太要面子、过度自信的个性也会在股市中遭遇困难时因闭关自守而成为最大输家！

我要建议，研究股票贵在专精而不在多，别老是一次买那么多只，减少了你对它们深入了解的机会，也要避免因照顾无暇而导致手忙脚乱不知该如何处理的窘况！

射手座（11 月 22 日 ~12 月 21 日）

平常不甘寂寞喜欢刺激的射手座一旦进入了股市，马上就会成为营业厅中最具人气的投资人，但他们认为投资股票能否赚钱得

“靠运气”，宁愿相信八卦消息也不去认真研究，这样的个性虽然可以让你减轻压力，有时还奇迹似的偶有佳作出现，但也别忘了一分耕耘、一分收获的道理，在进场之前还是多做做功课吧！

我对射手座投资人的叮咛：

射手座的投资人因天生喜爱刺激且充满好奇心，在股市中可谓是如鱼得水，快乐得不得了！但许多射手座的人总是不肯脚踏实地地去认真研究，喜欢道听途说靠“消息”走捷径，结果是欲速则不达！

我的看法是，射手座的人最好先想办法把心定下来，多涉猎一些投资方面的知识，充实自己，才能有机会在股市中旗开得胜，也才能满足好胜的个性。

变盘的重大警讯

第79招

股价当日反转的三项警讯

投资人问：

我目前手中正紧紧握着一只飙股，它天天都在为我赚钱，真是太爽了！只可惜今天这只“金鸡”似乎得了小感冒，一副无精打采的模样，让我有点看不懂。它在早盘还神勇无比，是以涨停板开出，但在收盘时却反而落到平盘以下，怎么会这样呢？不过还好只是小跌，我看是没有什么关系啦！

依我猜，你一定是具备了天生的“死多头”个性，当股票发生这种怪异现象还居然认为“没有什么关系”，我看是问题大了！

一路涨升中的股票，在何种单日交易情况下显示有反转迹象？这是满手股票、每天提心吊胆的人最想知道的答案。

根据经验，个别股的交易如果依序符合了下列三项条件，只消一次，便极可能是反转迹象：

（1）大幅跳空拉高开盘

（2）收盘却是当日最低点

（3）当日的成交量是近日来最大的成交量

如果都符合以上三项条件，这已是股票即将“变盘”并可能在短期内产生回档的征兆。

如果，第二天股价在盘中向上攀升超过前一日的高点，最好又以创新高价做收，那么这个反转警报讯号便已自动解除，投资人可以暂时松一口气了。

了解了股价触顶逆转向下的三项条件之后，好学不倦的投资朋友们当然会想进一步问：“那触底反转向上呢？就请多教一招吧！”

一路下跌中的股票只要在某一天出现了下面三项情况，就可能是触底反转的现象，甚至是一波行情的开始：

（1）股价向下跳空开盘

（2）收盘却是当日最高点

（3）成交量是近日来最大量

提醒各位，可别将这份教材弄丢了，最好是随身携带，遇上状况才能随时翻阅。

说明：这只个股在2007年11月5日一开盘就创下了波段最低点，但收盘却是戏剧性以最高点的涨停板做收。成交量也开始放大，完全吻合了股价翻转向上的三大条件。当股市在下跌阶段，千万别气馁，永远记得危机就是转机这句话。

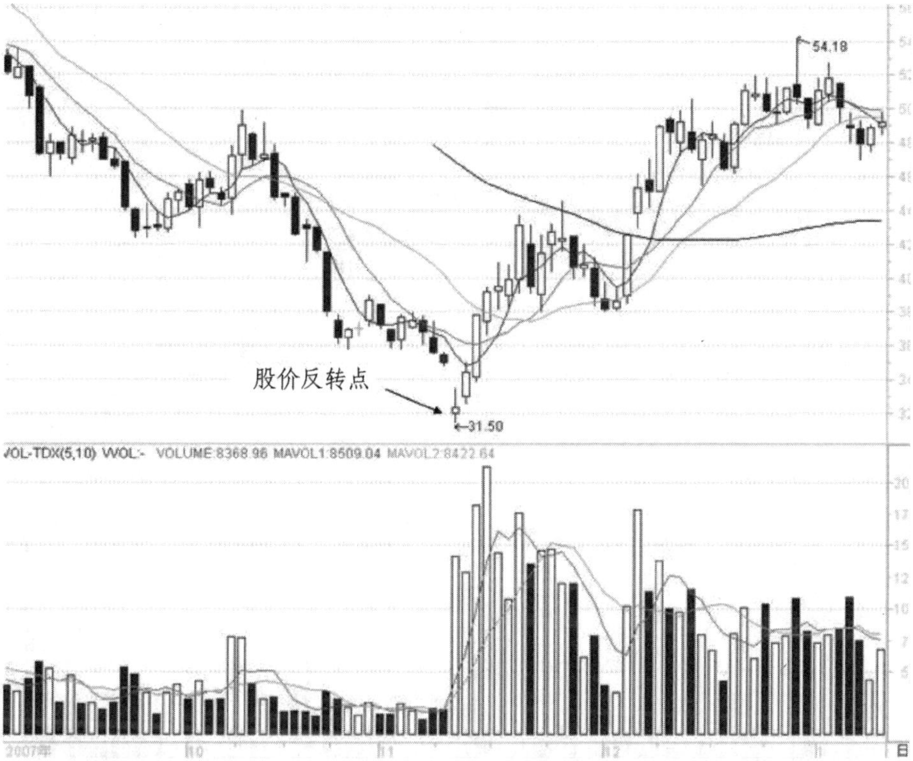

说明：这只个股跳水低开。尾盘虽然稍稍拉回，但仍以上涨做收，配合大成交量，也同样大致吻合了股价翻转而上的条件。下面的两三周，股价果然一路狂飙。

说明：又是一只典型的，几乎开在最高点，随后股价一路下跌，收在最底点，底部成交量为近期最大量。股价随后如同水库泄洪，一路下滑而去，许久才止住跌势。

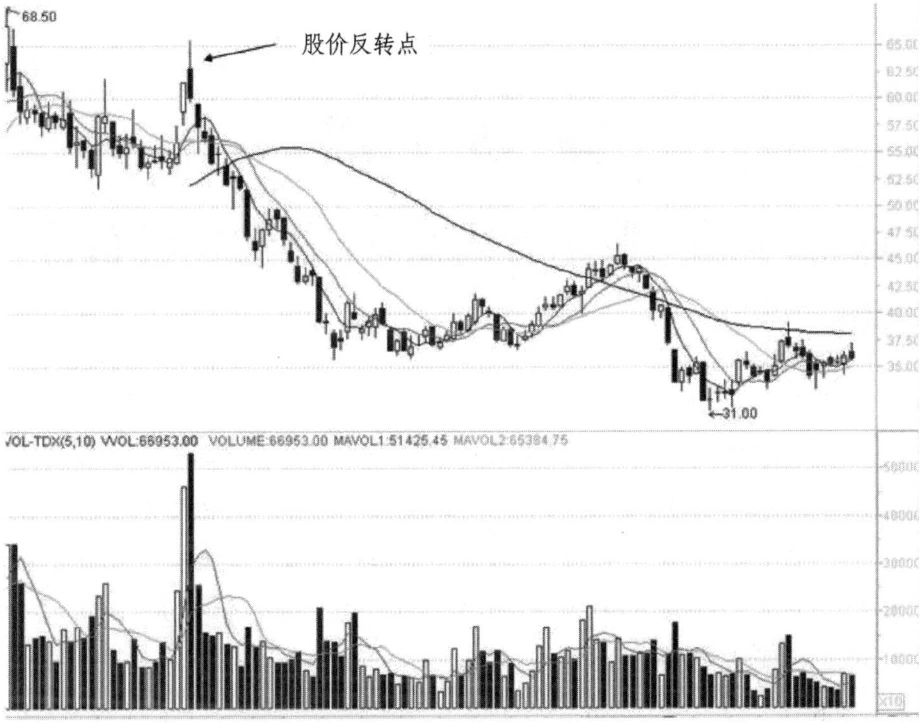

说明：这只个股以3%高价开盘，更立即奔上6%最高点，但收盘却以几近最低点收盘，成交量也是近期最大，大致符合了股价将翻转向下的3项条件，其后股价便一路狂跌到几近腰斩。

（股价技术图形及“说明”由胡震生提供）

第 80 招

低价“问题”股上台表演时，行情即将落幕

投资人问：

一开始时，我看到周围的朋友们都在玩股票，但因为不懂，而一直没有参与。等到我最近研究清楚想进场时，却发现有许多我心目中的好股票已经“贵”到让我下不了手了，能买得起的也只剩一些名不见经传的低价股了。现在进场买进这些股票还安全吗？

一旦股市中那些价位较低的、本质不佳的小股票也不甘寂寞，纷纷开始攀升，则大约在一个月后，整个股市将会进入波段回档整理。

因为股市中为数众多、难得买一次股票的小额投资人，不是信心不足就是较为缺乏判断大势的经验，所以总是慢个半拍。而当他们终于爱上股市，也想一亲“芳泽”时，绩优股的价位早已上冲一大段了。而对这些人来说，一些昂贵的股票他们绝不会碰，只有转移目标去追逐那些问题重重的低价小型股票。

相对地，法人投资机构因为拥有较多的资讯，而且资金充沛，它们早在涨势初期就已经锁定目标。而这些大户初期的操作，总是限定以传统绩优股为主要买进对象。这便是为什么股市在上涨初期，

一般是由大型绩优股来扮演着带动大盘上涨的角色。

因此，轮到后知后觉的散户也心急如焚地想进场时，通常是“好戏已经接近尾声”了，行情可能已将近“曲终人散”阶段。

轮到问题股上台表演时，多头市场即将落幕

不过，也不必过早忧虑，根据统计，从这些低价股开始活蹦乱跳，到波段行情的大幅回档，中间大约还有一个月的间隔，你有足够的时间准备，行情即将进入拉回修正的整理阶段。

问题股常出问题，最好少惹为妙

第 81 招

牛市到底能维持多久

投资人问：

华尔街的证券界都将多头行情称为“牛市”，而将空头行情称为“熊市”，非常有趣。听说您是来自华尔街，想必知道其中典故。

想象一头牛与一只熊在对决的场面，蛮牛一定是用牛角向上挑起来发动攻击，而猛熊一定是向下狂扑来加以反击。因此，华尔街一直流行：将一波上升的行情称为牛市（Bull Market），而将一波下跌的行情称为熊市（Bear Market）。很传神，不是吗？

牛市的涨升分为“上半场”与“下半场”两个阶段，上半场主要是靠经济等基本因素所带动，等到股市进入由供需关系决定胜败时，通常已是下半场阶段，要想在第二阶段获胜，非得经验老到者不可。

股市的上半场，总是由基本因素的好转所引导，如利率持续调低、本币大幅升值、经济蓬勃发展等，当这些因素逐一显露时，投资人买进意愿提高，股市自然欣欣向荣。

一旦这些基本因素都被确认，股市早已马不停蹄地猛涨了一段，紧接着便开始进入由技术因素扮演重要角色的下半场了。在这阶段，股价经常受买卖双方供需因素影响，和价值投资逐渐脱钩。因为基本面的优势，大家都已经知道了，再发布利多消息也视为理所当然，不会形成对股价的新看法。此时此刻，股价是升是降大多取决于投资人的信心强弱。

往往，股市在上半场时，请黑猩猩帮忙射飞镖来选股也能大赚一票。但进入极具挑战性的下半场以后，便需凭经验、真功夫来打硬仗了。在这段时间，必须精确判断该买什么股票，特别是在什么时候买进。因为这个阶段的股市由于已处在高档，持股信心脆弱，容易暴起暴落，耍得大家团团打转。

或许你会再好奇地问：“牛市一般能维持多久?”

虽然不同的时空背景会有不同的答案，但我过去曾对世界主要股市的表现做出了统计。一个完整的牛市，它的平均长度是3年零9个月。

其次，牛市的牛头、牛尾，也就是第一年与最后一年，指数单日常会出现大于3%的暴涨暴跌，就供大家做个参考吧！

最后，你也许想知道，每个人一生之中平均能遇上几次真正的大牛市呢？答案是——四至五次！你如果想多遇上几次，就想办法活久一点吧！

第 82 招

牛市进入下半场的四大现象

投资人问：

最近在《证券市场红周刊》中阅读到一篇胡先生的专访，这才头一次听到牛市居然像球赛一样，还有上半场与下半场之分，胡先生真的是将股市生活化、趣味化了。这一个月来，我的股票几乎是一买就套，感到赚钱难了许多，似乎是来到下半场了？

牛市的“上半场”大都是在多数人不知不觉中展开的，由于大家对行情存疑，只敢小玩几手，或是根本只在观望，在“粥多僧少”的情况下当然容易赚到钱。

但是，当新闻开始天天报道行情热络，急着开户的人又在大排长龙时，股市可能就要进入“粥少僧多”的阶段了。

股市进入下半场的先期征兆是：指数暴起暴落的频率增加，或是连续出现两次以上时间都超过一个月的中期拉回整理。

紧接着，就会出现以下四大现象：

（1）板块之间加快轮动——大盘缺乏具指标意义之龙头类股

（2）个股上演“一日行情”——投机气氛浓，大家越做越短

(3）赚了指数，赔了股价——出现大牛带不动小牛的状况

(4）开始与国际股市密切联动——华尔街股市打喷嚏，全球股市就重感冒，几乎成了连体婴

股市好比球赛，上半场领先的人要懂得持盈保泰；而需靠下半场来反败为胜的人，则应确实把握每一次上篮得分的机会。

了解股市处于什么阶段，当然重要！

多头市场中各类股票轮涨顺序常有翻版现象，
但下半场，轮涨速度将加快，你必须准确打击

第 83 招

连续三日暴跌，牛市拉警报

投资人问：

我的同事不久以前在吉隆坡听了您的演讲，他提到胡老师在那天说了一句“三日暴跌可引起三年衰疲”，很令大家震撼。尤其是像我这种新手，从未经历过可怕的熊市，更应该好好向老师学习经验，以免陷入险境尚不自知，还以为是遇到了捡便宜的大好机会。老师，真的有这么可怕吗？

当见到指数连续两三天暴跌，而跌幅又在4%～5%之上，绝不可以掉以轻心，要留意这可能就是牛市要变为熊市的转折点。

尤其是，在这三根长阴线的日线图下方，又见到成交量并未明显缩减，往往代表着主导盘势的法人大户在慌忙下车，而观望已久的散户却视为等到机会了，正急着上车。**大户丢，散户捡**也是行情开始反转所必经之残酷过程。

连番下滑的指数在跌深之后，否极泰来，自然会出现反弹，但这个反弹是带来转机或是仅供“逃命”，就须看它的强度。倘若反弹之后的线形图呈现的是右峰比左峰低的下垂式 M 字图形，成交量又是每况愈下，那么最常见的空头格局已经俨然成形。

遇上股市急跌，大多数人因措手不及难免都会住进了“套房”，这时请保持冷静，或许还有解套的机会。因为即使是熊市来了，也还是会出现至少一波跌深反弹的“逃命波”。毕竟，直接反转的单峰图形在牛市转熊市的过程中比较少见。

第 84 招

波段行情总在“双峰”之后落幕

投资人问：

掌握波段行情来进行操作一直是我追求的目标，只可惜说得容易，因为根本看不懂波段行情的终点在哪里，最后的结果还是白忙一场！

已经爬升了一阵子的行情，突然连续几天出现令人措手不及的暴跌，就在大家都跌昏了头的时候，竟又及时地产生了一波 V 形反弹。请注意，这个跌深之后所带来的反弹，极可能就是波段行情的最后挣扎，也是你能安全下车的最后机会。

有越来越多的投资人已经觉悟，每天忙进忙出炒短线实在没有“钱”途，只有掌握波段操作，才有赚大钱的机会。

问题是，大家以为买进股票以后，摆在那里不去随便卖它就叫“波段操作”。事实上，如果没能注意到波段行情已出现结束讯号，就好比一上车就呼呼大睡，过站也浑然不知，最后发现自己又坐回了原点。因此，买进容易，判断何时卖出才是关键。

根据我长期的观察，有超过七成的波段行情常结束在股价图形出现了有如骆驼的“双峰”之后。其中，又以右峰比左峰低的图形更具代表性。此时，图形下方的成交量往往也早已出现每况愈下的下坡走势。

股价涨多了，涨久了，就会开始出现价量背离的情形。因为想要上轿的人全都坐在轿子上了，要靠谁来抬轿呢?

我发现这种急跌后的反弹是非常值得投资人注意的警讯，因为如果不小心错过了它，可能会被套得很惨。因此，我将这个反弹波取名为“**解套波**”，有时也打趣地戏称为“**逃命波**”，如今这个说法已被市场上的投资人所广为流传。

好的，下一次看到指数或是个股股价在出现一波足以让你心惊肉跳的急跌以后，先少安毋躁，随后应有机会出现我所说的“解套波”，但此时别再迟疑了，快下车吧!

当股价出现了双峰图形，可别掉以轻心

第 85 招

“中期回档”的两大讯号

投资人问：

我在福建做点小生意，半年前才入市。进场不久，就碰上行情回档，指数总计跌了七八百点。但见到胡老师在报纸的专访中谈到“牛市仍然健康，行情正处于中期回档，暂时休息一个月是正常现象”，立即放心了不少。请问，什么是中期回档？希望胡老师也能抽空为我们演讲，先谢谢了！

谢谢你的邀请，以后一定有机会的！

很多刚投入股市的新手，因缺乏经验，只要一碰到股市骤跌，会立刻乱了方寸，急得不知如何是好。

投资人应该了解，**全世界都没有天天上涨的股市**，涨多了出现回跌是正常现象。甚至，对一些老手而言，急跌之后正是可供淘金挖宝的时机。而对那些每天“望涨兴叹”的空仓者而言，更是可以赶紧进场的大好机会。

长期观察，行进中的波段行情，指数若只下跌 10% ~15%，都是经常又正常的回档，不用担心。但是：

（1）由高点下滑以来的跌幅加大到20%左右（但未超过25%）

（2）下面10个交易日之内，指数没有反弹并回收至少80%的失土

这就必须注意了，大盘可能进入了所谓的**中期回档**，而这一波的行情也随之画下句号。

遇上**中期回档**，股市通常需要至少一个月以上的时间（由起跌日开始计算，平均是43个交易日）来调养生息。了解这种情况，就不可急着进场，应耐心等待下一个波段行情的开始！

第 86 招

熊市来临的三大征兆

投资人问：

2000 年的春天，第一次听到胡先生风趣的演讲，看到台下听众的反应如此的热烈，也第一次感受到投资人对股市竟是如此的关心。在那次演讲会中，胡先生曾经提到熊市来临前必有征兆。接着在下面的一两年，股市果然一直陷在熊市的凄风苦雨之中，我却因忘了您的提醒，在越买越套之下，成为苦不堪言的大输家！亡羊补牢，还是请您再教我们一次——怎样才知道“熊”来了？

没错，多数投资专家都只在教人如何在多头行情中操作，但只可惜股海无情，投资人所面临的不会永远都是牛市，当然也应该对熊市的形成具备最基本的常识，我有必要公布答案！

过去在美国股市中，我早已尝过好几次熊市的苦头，实在是不太喜欢。因此，只要有机会，都会提醒大家小心谨慎。因为有熊出没，却还有人浑然不知在进进出出，令人捏一把冷汗！

课本中大部分的投资策略的确都是针对牛市来设计的，所以，过去投资大众对熊市的所知极为有限。

我一直认为，大家在多头行情中所学的是“**攻击术**”，但是在空头行情中则要趁早学会“**防身术**”，这样才有机会在股市必经的多空循环中做到“进可攻、退可守”，也才能避免在熊市中受到伤害。

现在就让我们谈谈主题——熊市来临的征兆究竟是什么?

常听到有人说，只要大盘指数跌破年线就是熊市的开始。但是，经过长期的追踪观察证明，就这样下结论的准确度并不高。特别是，指数的日线与年线经常纠缠不清，于是会出现几天小牛市、几天小熊市，三个月大牛市、三个月大熊市的怪异现象。

那么，答案究竟是什么呢?

首先，我发现，无论在什么情况之下，大盘指数或是个股股价只要一出现**25% ~30%**以上的跌幅便绝非健康现象，要严加注意。

现在再做个整理，熊市来临的三大征兆：

（1）指数由高档下跌25% ~30%

（2）行情在接着的3个月之内总是欲振乏力

（3）技术分析图跟着出现了“月线连三黑”的线型

在这种毫无转机的局面下，空头行情已经悄悄来临了!

但请注意!熊市又有两种：

（1）经济由盛转衰所造成的熊市，是“一般熊市”

（2）与经济无关，纯由投资人心理因素所造成的熊市，是“迷你型熊市”，我总是将它趣称为“迷你熊”

好的，先来看看一般熊市吧!根据统计结果，它常分两大波下跌，每一波各跌二分之一的幅度左右。这是说，部分个股的股价往往会出现腰斩之后再腰斩的现象，也就是一只100元的个股，有可能先跌到50元后，再在第二波跌到25元才缓缓筑出底部。你如果不知道这种状况，当然会被这两波的连环套修理得七横八竖！

在我的记忆中，急着抢反弹的投资人总是在50元的地方被套牢得最多。因此，日后反弹，来自这个“中途岛”的解套卖压自然会很重，在此附带一提。

见到这种惨况，是不是会令人触目惊心？部分体质较佳的个股虽不致在熊市中被“减肥”75%，但照样须经过上述两大波段下跌的洗礼。第一波的下跌一定是将个股股价由过去的“超涨”先拉回到“合理价位”；第二波的下跌则是由合理价位再打到“超跌”，总是如此！由此得知，过去涨得越多，回档深度便越不可测！

至于熊市会维持多久的时间呢？我的统计结果是：两年零十个月！大约是牛市长度的四分之三。

但在最近20年来对全球新兴股市的观察中，我却发现：由于各地经济环境迥然不同，也许会因为投资人口的增加缓慢，对行情助益不大，熊市维持的时间，有时可以拖上四至五年甚至更久。然而，就像火山积蓄能量一样，拖得越久，日后产生的爆发力道越强，也将会加长其后牛市狂奔的时间。

现在你了解到熊市是这么的难缠，看到熊来了，还是回避一下比较好。

至于“迷你熊”呢？

它的形成大多是因为股市涨得太猛、跑得太快，供需失去平衡之后绊了一跤，就会跌出毛病来了。由于有太多人都是慌忙间在高位买进的，因此，只要有个风吹草动，难免吓得想赶紧溜跑，当然会促成持股松动。这么一来，即使原来只是一个正常的拉回调整，也会恶化成一场疯狂的“多杀多”。

所幸，由非经济性因素生出来的“迷你熊”，总是来得快、去得急，很少逗留超过6个月以上的时间!

当然，也必须密切注意，大盘回档期间，只要经济增长率（也就是GDP）没有出现下调超过25%的状况，“迷你熊”就不会长成“一般熊”了。

第 87 招

掌握熊市中的反弹顺序(上)

投资人问：

我同意，在空头行情中，总是一波比一波跌得深，因此，遇上任何一波的跌深反弹，都要趁机减码。只是，想请教，在反弹的过程中，什么时候才应采取“瘦身”行动。

很多人在股市中因为不懂如何操作，总是“买进就摆着”。这种鸵鸟式的做法如果遇上不对的时机，的确会变成一场噩梦。我一直觉得，学习“什么时候该卖”比“什么时候该买”还要重要，特别是在熊市中。现在就来回答你的问题!

在空头行情中，每隔一段时间就会出现一波让人重燃希望的上涨行情，但是，在反弹的过程中，只要开始出现了板块轮动的现象，那就是反弹行情即将结束了的初期警讯！而当个股出现补涨，则更表示行情已经发展到了尾巴，要避开越套越多的陷阱。

久等而来的波段行情可遇而不可求，当然应该及时把握，只是每次总有许多投资人反映，在波段行情的初升阶段，由于过去已经跌怕了，而不敢进场。到了最后，往往又因为想赶紧捞一点回来，结果是套上加套，由“小套房”搬进了“高级套房。”

的确不错，错失了初升段的买点只会少赚，但是又错失了一次卖点，就注定要去参加股东大会了。

熊市中，波段行情的初升段都是全面性的，也就是所有的个股因为已经跌深，都会一吐怨气，一起大涨。这时可以安安心心大胆低接，因为这是上涨过程中的第一个阶段。

几天以后，会发现指数虽然持续收红，但是个股却已步调不一，出现了**板块轮动**的现象。尽管许多分析师在这个时候会说“买气仍在”或是“换手成功”，但是请注意，行情已经亮起了黄灯！

在熊市的反弹行情中，一旦出现类似情况便是大盘已经进入波段**“头部区”**的征兆！

所幸，在**板块轮动**的阶段，手中个股虽然属于冷门板块，但也不至于立即转空，但请特别注意，当盘面出现落后个股，尤其是毫无题材的低价小型股，也开始补涨的时候，是该下车的最后通知！

这个原理其实非常简单：在股市中永远有90%的人是后知后觉的，但当你看到有90%的人同时都在派对中狂欢，就是行情即将结束的景象，即使是在牛市中也是一样，错不了的！

熊市中，反弹行情顺序经常是：

（1）**全面涨升**

（2）**板块轮动**

（3）**落后股补涨**

以往，我会严格要求所有分析师将这三个顺序倒背如流，现在，希望读者也能把它们牢记在心。

在熊市中操作，一向比在牛市中操作难做许多，
股市新手若无把握，应避免“偷尝禁果”

第 88 招

掌握熊市中的反弹顺序(下)

了解了熊市中的行情发展顺序，你也许接着会问："在牛市中的波段行情又是如何?"

根据我过去 30 年来在工作中的细心观察，波段行情在牛市中的发展顺序经常是：

(1) 板块轮动

(2) 全面涨升

(3) 落后股补涨

你瞧，与熊市相比，只是第（1）、第（2）项对调而已！但差别是，在多头行情中不卖可能只犯小错，换成在熊市中，麻烦可就大了！

现在，再教你，在熊市中抢反弹有两大原则，必须严格遵守：

第一，要懂得进出的方式！为避免误判底部，请采取"分批买进"策略。又为防止落入末升段的陷阱，苗头一不对，就要"全面卖出"。

第二，要了解你只有一次赚钱的机会！譬如以 50 元买进一只个股，涨到 55 元没有及时脱手只是小错，但万一再回到原地 50 元，

一定要卖，否则会是大错！“白做工”事小，“由赚到赔”则会影响心情，进而搅乱未来进出脚步，是大事！

至于牛市呢?

第一，由于牛市是先由板块轮动来带动全面涨升，因此，进出的策略是：先“全面买进”，然后“分批卖出”，这与熊市的操作顺序恰恰相反。

第二，当看到亏损累累的落后股也纷纷出现鸡犬升天的补涨，穿上你的外套，是到了该离开的时候了！

有人说，在股市中必须不断由错误中学教训，但我觉得代价太高了！只要掌握我所说的这些重点，你已经省下了好多学费了。

股市制胜的最高机密

第 89 招

“懒人”操作术

投资人问：

我每天忙得晕头转向，根本没有时间研究股票，我一直在梦想，世间上有没有什么方法可以让我完全不用大脑就知道什么时候该买？什么时候该卖？而又知道该选择哪一只个股？当然，还要有最大的胜算！

嘿！你的梦想还真周到，我很佩服！看在你每天都这么忙碌的份上，让我悄悄教你一招——“懒人操作术”。不久以后，你的梦想就会成真了！

你只要在每个周末随便挑选出 5 只个股（一开始闭着眼睛选也无所谓），接着，在周一去每只买一手（数量依个人经济状况自定，但需等量分配），就大功告成了。然后，每个周末将每只个股一周来的结果依表现来排行，这就是你一周唯一必做的功课，大概只花两分钟的时间吧！

周一又到了，要采取动作了！留下排名前两名的个股，卖掉后三名的；紧接着，再随高兴替换买进任何你较中意的三只新股，还是各买一手。如此，手中就能一直保持一个包含 5 只个股的投资组合。

每周，你只要有规律地照着这个方法去做，或许不出半年、八个月，就会高高兴兴地捧着蛋糕来谢谢我了。

当初，我首创出这么一个机械式的投资方法，虽然简单但很实用，更造福了好多好多“懒人”。我因此在华尔街第一次受到了大家的注意！

想知道它背后蕴藏着的意义吗？

在任何一个多头行情中，如果是照着这么做，你以 10 元买进的个股有可能会一直保留到50 元以上才卖出呢！相反地，即使遇上了大崩盘，许多个股由50 元摔到了 5 元，但是你绝对不会像别人一样因为一路拥抱着它们而暗自哭泣，那些股票早就被你一脚踢掉了。

你明白了吗？

	第一周			排名	第二周
	周一买入价	周五收盘价	涨跌幅		
A 股	30	33	+10%	1	→ A 股(留下)
B 股	50	51	+2%	3	X 股(换股完成)
C 股	100	108	+8%	2	→ C 股(留下)
D 股	20	19	–5%	5	Y 股 (换股完成)
E 股	60	58	–3%	4	Z 股 (换股完成)

第 90 招

简单又有趣的“二分之一平均法”（上）

投资人问：

前一阵子我在 60 元的价位买进一只股票就出差去了，没想到在短短的一个多月的外出期间它居然被拦腰一截，跌到了 30 元，之后由于太忙，我也差不多已经忘了它。这两天投资顾问通知我这只个股有慢慢往上反弹的迹象，劝我加买一点来摊平成本。其实，我对这只个股早已一点胃口都没有了，只希望找个好价钱卖掉算了。问题是，该反弹到多少钱才卖？我的顾问说：“这很难讲！”你看，连专家都不知道答案，要如何叫我这个门外汉来做决定呢？有谁能给我一点建议？我一定会请他吃一顿最上等的牛排大餐！

看在你愿意请吃牛排大餐的份儿上，我一定要提供一点建议！

当股市在经过相当一阵子的下跌之后，手中仍有持股的投资人会由下挫初期的焦躁、生气转为默默无语“认命”了，由一开始的极度关心到完全不闻不问，确实是个大转变。

然而，蛰伏已久的股市有了反转迹象，马上又会勾起了投资人的注意，大家在一阵欢喜之余不免又开始紧张起来了。显然，只要身在股市一天，心情便会受行情起伏影响。无怪乎有人说，那些感叹生活枯燥乏味、常抱怨已心如止水的人，只消去买个几手股票便能脱胎换骨，重享酸、甜、苦、辣的人生。

言归正传，假设你以60元买进了一只个股，然后股价不幸一路下跌到了30元，接着它又开始反弹了，此时你必定既喜又忧，不知道究竟应该怎么处理才好。是该加码买进，以降低成本？或者是择机出货，少输为赢？

早在30年前，我就已经开始运用“二分之一平均法”来计算出个股或是指数的支撑与阻力价位，以决定进出。这个方法既简单又有趣，还极为准确呢！

首先，我们来计算一下。你将上档的60元和最低点的30元，加起来除以2，得其平均价为45元。如果这波的反弹够强劲，股价可能由30元一路先爬升回到45元左右，这就会是反弹时的第一道的关卡。

因此，你若是决定在30元回升之际补买一批，到45元时便可一次摊平卖出，顺利解套。

但若你因跌怕了而不愿冒险加码，且一心只求早日脱手或是换股操作，则45元仍然可能是你未来的参考卖点。

遇到千载难逢的大反弹时，想卖股，而心中又设定了理想的卖点，便再不会猛啃指甲而茫然不知所措了。

最重要的是，这套将**“一个阶段性的高点与低点加起来除以二”**来求取中间卖出价位的方法经验证，其准确性极高，是投资人日后在反弹时决定卖点的最佳依据。

好的，“中级班”又要上课了！

许多喜欢做研究的人一定会接着问：“上面的例子，假若股价过了45元，那么，下一个阻力关卡会在哪里呢？”

答案是：52.5元！

怎么算出来的？就是拿45元加上60元之后再除以2嘛！

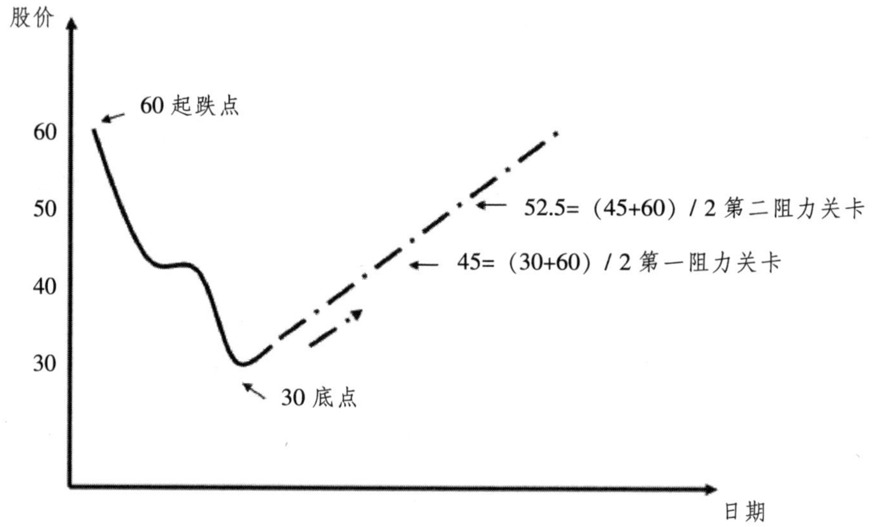

总之，**一直拿最高价与最后的低价加起来除以2**，就可以一路算出上档的各个关卡位置了。当然，最后最大的压力关卡会出现在60元，这是毋庸置疑的！

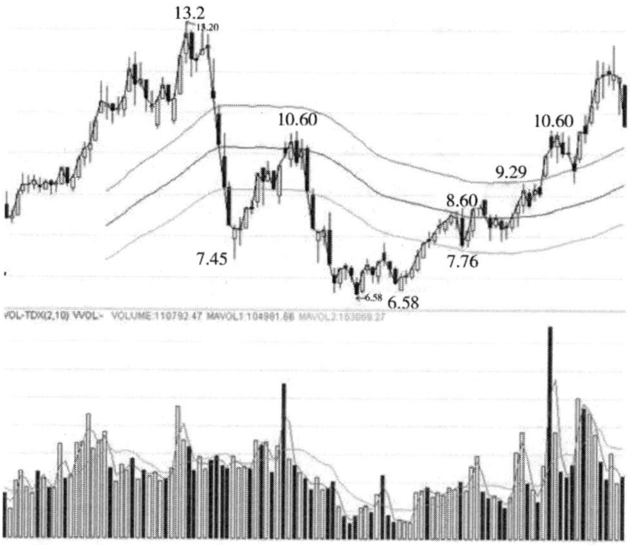

说明：通过分析这只个股经过了“5·30”大跌后的调整走势，可以领略到“二分之一平均法”的神奇。该股5月30日由13.2元一路下跌到7.45元才开始反弹。那么它的第一关卡呢？

第一阻力关卡（13.2+7.45）÷2=10.33

股价在第一阻力关卡附近（10.60）冲关不过，开始了新一轮的下跌。

第二轮下跌到了6.58后开始止跌反弹。那么反弹之后的第一道阻力关卡呢？

第一阻力关卡（10.60+6.58）÷2=8.59

可以看到股价在第一阻力关卡（8.60）处略作修整，跌到7.76，再次冲击第二阻力关卡。

第二阻力关卡（10.60+7.76）÷2=9.18

股价在冲到9.29附近的第二阻力关卡处休息了四五天，就再次挑战最大的关卡10.60。

有了“二分之一平均法”，下次碰上股价调整，可以一路计算，很有趣，也再不会慌慌张张了吧。

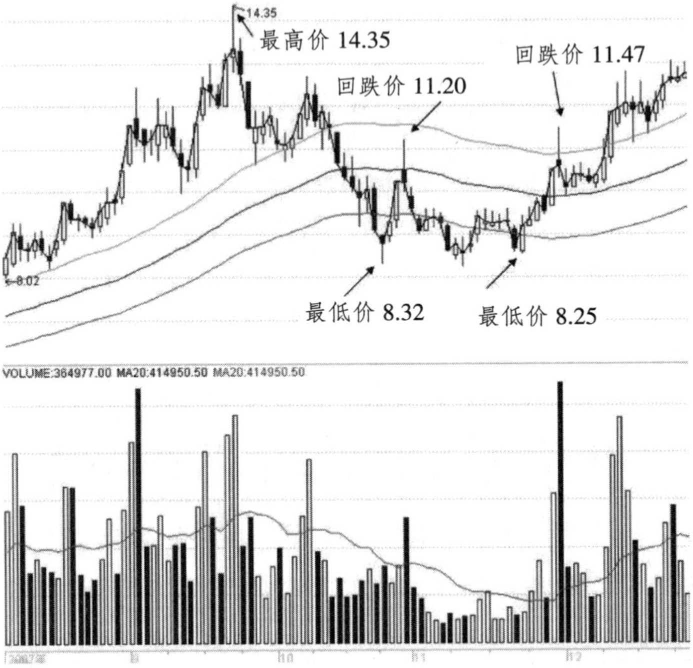

说明：由此例子可看出，这只个股的涨跌可以用简单的“二分之一平均法”来计算股价涨跌的关卡。股价先由最高价 14.35 下跌至 8.32，根据“二分之一平均法”可以计算出阻力位在（14.35 + 8.32）÷2 =11.33，果然股价在反弹到关卡附近 11.20 时，开始回跌。股价第二次下跌又跌回到了 8.25 的最低价，根据“二分之一平均法”可以计算出阻力位在（14.35 +8.25）÷2 =11.3。股价在反弹到 11.47 的关卡附近时又再次拉回休息了一个星期才完成了突破。

第 91 招

简单又有趣的“二分之一平均法”（下）

现在，“高级班”也要开课了！

已经有人在问：“刚才讲的都是股价在下跌后出现反弹时会遇到的阻力，但是，我们很想知道当初股价由 30 元起涨，然后到了 60 元开始翻转向下初期，是否可预知未来会跌到什么地方？这样，就可以先有个谱，也不会在下跌过程中茫然不知所措了！”

我很高兴有人提出了这么“尖锐”的问题，这表示你们正很认真地在学习。其实，只要很轻松地一算，答案又出来了！

假设起涨点是 30 元，将它加上来到最高点的 60 元后除以 2，你就可以预知股价在下滑到 45 元附近就会遇上第一道的支撑。倘若 45 元撑不住，那么再往下，更为强劲的第二道支撑将会落在 37.5 元〔(30 +45) ÷2〕！在正常行情下，尤其是当股价或指数上涨已超过 50% 以上才出现回拉时，则第二道的支撑较少来到，即使遇上甚至是跌破，也常会立即出现反弹，便形成所谓的“强力支撑”了。

但假设碰上重大利空，指数或股价也会出现跌破“强力支撑”的状况，在这种情况下，照样可以用“二分之一平均法”继续去寻求下一道关卡。

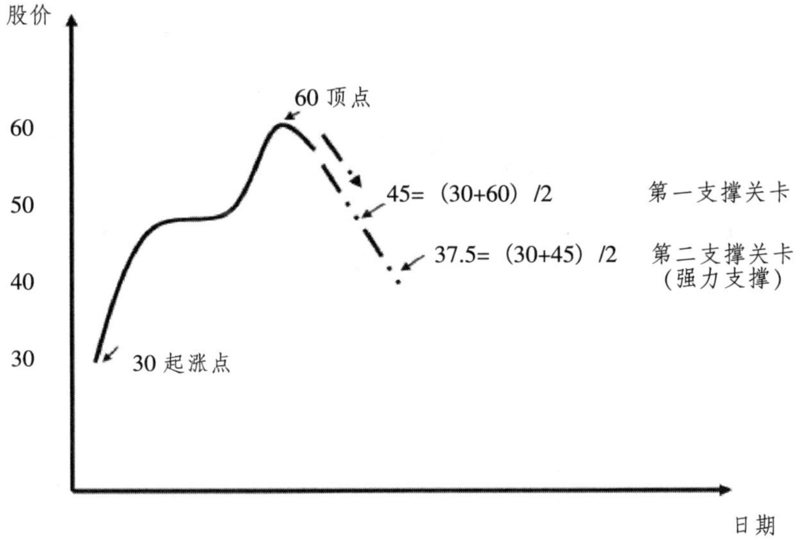

“二分之一平均法”除了对个股有用外，它同时还适用于大盘指数呢！（请参阅附图）

每次在研讨会中，我总是喜欢先问大家可知道股市未来上涨或是下跌时的阻力点或是支撑点在哪里？问题一出，研讨会场立刻成了大盘指数拍卖场，你绝对想不到的各种高低点数全都蹦出来了。但结论是，大多数人对股市未来是涨是跌完全没有概念，只是随便乱猜，怎不令人捏把冷汗？

事实上，只要采用“二分之一平均法”，便可约略计算出指数未来涨跌的上下关卡在哪里，而由其在关卡附近的临场表现，就可以洞穿行情究竟是强是弱了。

研判行情最重要的一项技巧便是要能“预知”指数的支撑与阻力关卡究竟是在哪里，只要知道了“二分之一平均法”，便能预知未来。而一旦拥有了能“预知未来”的本领，你就是股市中最幸福的人了！

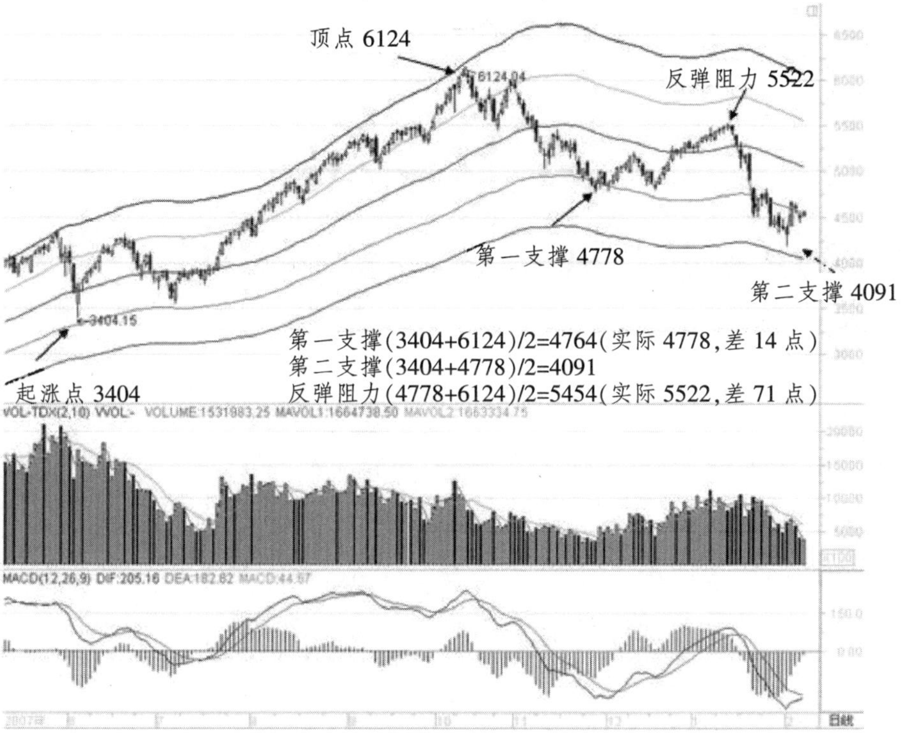

说明：这是我们2007年上证指数走势图。

大盘在经过“5·30”震荡后，一路爬升到6124点，之后大盘一路下滑。那么如何判断下滑的第一支撑点呢？(3404 +6124) ÷2 =4764。果然，指数在下滑到4778点开始止跌反弹，只差14点。

好了，让我们继续计算反弹的阻力关卡在哪里。(6124 +4778) ÷2 =5451，指数在冲到5522处终于无力，差了71点，开始了新一轮的下跌。

那么第二支撑点呢？(3404 +4778) ÷2 =4091。

通常，第二支撑极为强劲，若仍跌破，表示短线行情极为疲弱，只能继续向下计算。

你看，“二分之一平均法”又简单又奇妙，不是吗？

（第90 ~91招股价技术图形及“说明”由胡震生提供）

第 92 招

“涨跌家数”比大盘指数更能反映行情

投资人问：

有些指数成分股由于股本庞大，经过加权之后，它们的一举一动都会强烈左右行情。我的朋友们一致认为，每天只要盯着这少数几只重量级的个股看就够了，反正其他的小型股对大盘走势而言根本是无足轻重？

为了准确预测行情，对我而言，股市中每一只股票，不分大小，其实都扮演着相同重要的角色。

股市中，每天的**“涨跌家数”**往往比大盘指数更能反映股市走势。在涨势中，上涨家数比下跌家数多一倍，表示股市看好；上涨家数与下跌家数之比小于1.25，股市可能转疲。

大盘指数有时候会因为采样与加权因素的关系，使得其涨跌不能充分反映股市整体气势的强弱，甚至出现误导。如果配合着全面“涨跌家数”的观察，可以获得更精确的方向。

投资人每天都能由电脑资料得知，今日上涨、下跌的公司有几家，而不变的又有几家，然后比较上涨和下跌总家数。在涨势中，如果上涨总家数能保持多于下跌家数的50%（即两者之比为**1.5:1**）以上，表示股市仍然看好，当然，这个比率是越大越好。

反之，如果上涨家数与下跌家数之比连续几天低于**1.25**，这是股市可能转疲的先兆，须留意股市随时可能变盘。

另外一种情况是，如果行情一路萎靡不振，但每日上涨家数默默增多，而与下跌家数之比已超过**1.25**以上，只要连续3天，也是股市即将反弹的先期讯号。

第 93 招

感受"立阳未来趋势指标"的迷人魅力

——如何帮大盘做个健康检查

投资人问：

去年在加州硅谷的那场"与大师共进晚餐"餐会中，胡老师一再提醒我们：每天的"上涨家数图"比"指数图"更能代表大盘的实际走势。我大概是抄错了笔记，回去怎么画都不太对。

还记得当天夜晚虽冷，但由于你们的盛情，温暖了整个餐厅。我想可能是你听错了，我指的是"净"上涨家数图，而且是用累计的数字来连线绘图。

现在，又要请出第38招中那位经常大赚小赔的"股票大王"了。

这位"股票大王"从不会随着指数的涨跌而起舞，往往，指数大跌，他却老神在在地紧抱持股；指数大涨，他又常未雨绸缪地将表现不佳的个股提早收兵。他是如何办到的？因为，他一直在每日绘制我教他的"**立阳未来趋势线**"来研判大盘走势。

你知道吗，由于一些大型个股经过加权，占指数比例极高，它们不小心滑了一跤，指数也就跟着被拖下了水，当然会对整体大盘的走势产生误导。因此，在一波上涨的过程中，不能一见到指数下跌就乱了阵脚，一定要耐心地等待真正的卖点来临。另外一种状况是，指数不断上涨，但其实大盘内部已出现了变化，这个时候不但不能再买，反而要伺机开溜。

的确不错，股票要赚得多，就要尽可能完整参与每一次来之不易的波段行情！当然，在波段行情进行中，也要随时提防股市内部已出现反转趋势，及早安全下车才能保存战果。

大多数投资人每天只是盯着指数来看，绝少去注意或者是记录整体个股上涨与下跌家数之间的变化，要搞清楚，自己买的是股票而不是股指期货啊！

我要你们每天都绘制“**累计净上涨家数线形图**”，然后再仔细地拿它去与“**指数走势图**”相比对，当两条趋势线的走势出现了分歧的现象，股市会有很高的概率在最后会配合“**累计净上涨家数**”走势向上或向下调整脚步！

每天绘制净上涨家数线形图是很有用处的

你可以选定任一基准日，记录当日收盘时股市的“净上涨”公司家数（上涨总家数减去下跌总家数）。依此方法，第二日的净上涨家数亦可计算出来，把此数字与前一日所得数字加总，便可得到“累计净上涨家数”。

	今日净上涨家数	累计净上涨家数
第一天（基准日）	+200	+200
第二天	+400	+600
第三天	−100	+500
第四天	−300	+200
第五天	+200	+400

从基准日开始，依序把上述“累计净上涨家数”绘成线形图，这个图形往往能比指数图更清晰“透视”股市内部的变化。尤其是当指数一路上涨而家数线形图却一路下滑，为防止**赚了指数、赔了股价**，最好提前下车，否则以后可能就没有机会了！

涨跌家数变化与股市走势须如影随形

现在若将这个家数线形图用50 **日移动平均线**来表达，更能让你一目了然，这就是我当初在华尔街所研发成功的八大指标之一，“**立阳未来趋势指标**”，这在当时引起了一股不小的轰动呢。

说明：2007 年 9 月到 10 月的行情中，指数一路上涨，“立阳未来趋势线”却一路下滑，随后指数还是回来和“立阳未来趋势线”如影随形走到了一起。如果您能在它们两个分手的时候提前下车，会省却了很多麻烦。

（股价技术图形及“说明”由胡震生提供）

第 94 招

揭开“立阳多空指标”的神秘面纱

——预知行情多空的“水晶球”

投资人问：

胡老师以前在学校教过我们，要研究股市未来走向，必须勤做功课。记得有一堂课是讨论“由创新高价股的增减来预测短线行情”。我现在手中抱满股票，因此，对短线行情格外注意，也开始每天记录创新高的股票家数。

投资人每日例行将创过去 3 个月（60 个交易日）新高的股票家数记录下来，便可从中研判股市近期走势。

举例说，大盘指数今天创了新高，而同时创过去 3 个月新高的股票是 40 家。几天后，大盘指数续奔荣途，连续 3 天刷新纪录。但仔细观察，发现创 3 个月新高的股票家数却举步不前，一直维持在 40 家以下。未与指数同步创新，这不是一个可喜的现象，表示原先在股市中扮演带头角色的股票已经威力大减，并且后续无“股”，怎不令人担心?

如果把家数增减变化以图形来表达，更能让人清晰明了股市未来走势。为此，我花了不少时间，反复测试，发现如果将创新高的家数的变化以5日移动平均线来表达更能让人一目了然。于是，“**立阳多空指标**”就这么诞生了。

计算的原理是，每天可将过去5天（包括当日）创3个月新高价位的股票家数加总后除以5，可得创新价股“5日平均家数”，再将此数字逐日绘制成线路图，便成为“5日移动平均家数线”，这也就是我每天必须看的“**立阳多空线**”。拿此移动平均线与大盘指数图相比较，若发生线路分歧现象，举例说，大盘指数图一路猛冲，但“**立阳多空线**”已出现明显翻空走势，由过去经验显示，股市短线已出现“内忧”，须严防指数于10日之内拉回。

总之，要研究股市多空趋势，必须勤做功课。要在股市中出人头地，必须痛下功夫。

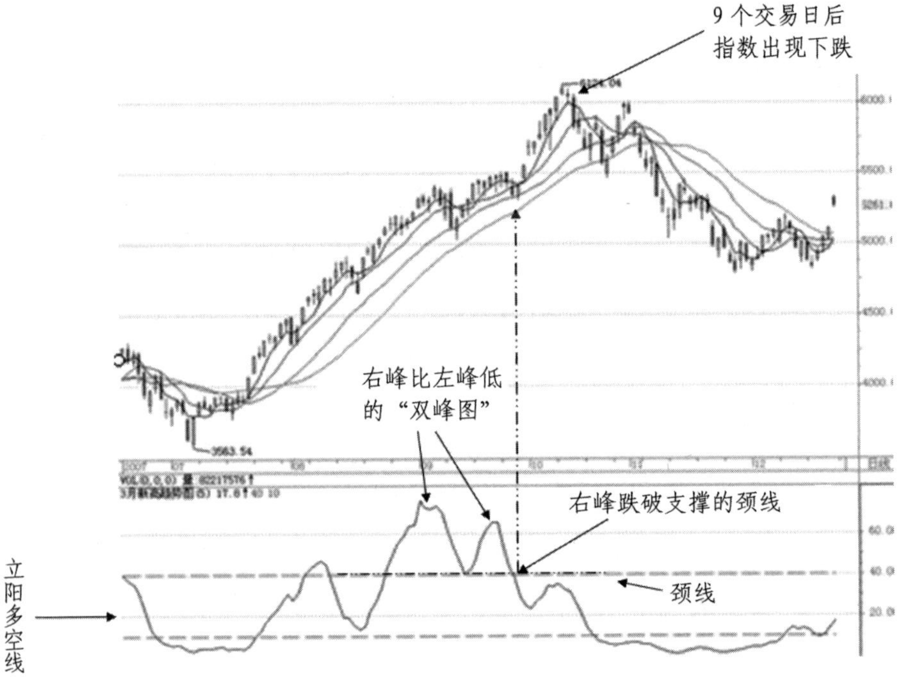

说明：由创3个月新高家数图已出现右峰比左峰低的“双峰图”是典型波段行情结束的先兆。在右峰跌破支撑的颈线之后，指数还向上跑了9个交易日，然后果然出现了日后一连串的下滑，这不也印证了书中前面提到的量能退潮“十日理论”。如果每天计算“立阳多空指标”，你是不是就有9天充裕的时间暂时先走一趟了。

第 95 招

神奇的“股市地心引力”

投资人问：

我曾经在腾讯网的视频访谈中，看到老师由苹果掉到头上而发明了“地心引力”原理，我们全家人当时笑得前仰后翻整整三分钟，没想到却因此错过了后来的补充说明，只仿佛听到“连牛顿都要佩服三分”。总之，老师所说的“地心引力”真是精彩，可不可以将它公布？

既然你已经开口要求，我就再幽默一次好了。我记得那是在28年前的一个炎热下午，我在家中后院的苹果树下睡着了，突然有一颗苹果掉在我的头上，就这么一掉，却促成我发现了曾经令许多美国投资专家认为不可思议的“股市地心引力”！事实上，我的这则故事早已在世界各地的演讲会中成为最受听众喜爱的主题，也成为全球许多著名基金经理人操盘时的秘密武器。来吧，让我跟你说！

大盘在经过一段时间的酝酿之后，它总会出现一波来势汹汹、向上或者是向下的“突破行情”，这种行情有时发展快速，不是涨得发疯成为“超涨”，便是跌得要命变成“超跌”。此时此刻，投资人若是做错了方向，真会把头发都急白了。但是，不用过度紧张，不论股市如何凶悍地飙涨或是残酷地暴跌，它迟早还是会受到**地心引力**的影响，被强制拉回整理。牛顿因苹果坠地发现了地球上的地心引力，我则是经过了长达 5 年的追踪统计，证明股市在冥冥之中也有它的“地心引力区域”。

在刚开始的统计中显示，大盘指数的“50 日移动平均线”的吸力颇为强劲，指数的涨跌只要过了头，都会被这条地心引力线乖乖吸回，而涨跌是否过大则是以“50 日移动平均线”的上下 10% 为标准。举例说，指数的“50 日移动平均线”位置若正是在 5000 点，那么只要上涨超过 10%，也就是当指数爬升到 5500 点以上时，它在 3 个交易日之内被向下吸回整理的概率高于八成；若改成 5 个交易日的话，这个概率会更大于九成。下跌时也是同样情形，当指数下滑到 4500 点以下时，它被迅速向上吸回的机会便来了。

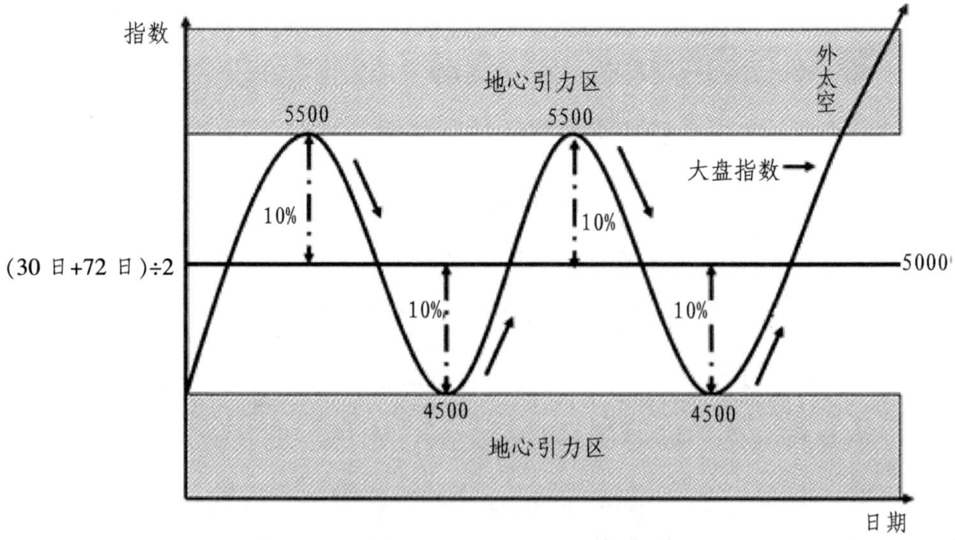

指数进入地心引力区会被立刻吸回，
在大牛市行情中指数会进入外太空 10 天左右的时间

接着，为了找出比“50 日移动平均线”对指数起伏更有牵制作用的地心引力线，可是煞费苦心。我曾经试过各种移动平均线，包括 10 日、30 日、72 日、144 日等，又翻出了华尔街过去 20 年的走势图来加以验证，但结果总是对一次、错一次，命中率很少高于 80% 以上的。一直到了第 5 年，我很偶然用“**30 日与 72 日**”的“平均数”来尝试一下。就在一个寒冷的冬夜中，有了令我吓一大跳的发现，因为它的准确率竟然高达 90% 以上。从今以后，我再也不会在指数大涨时，不知道什么地方应该及时踩刹车，更不会在行情大跌时，白白错失天赐发财的良机了。

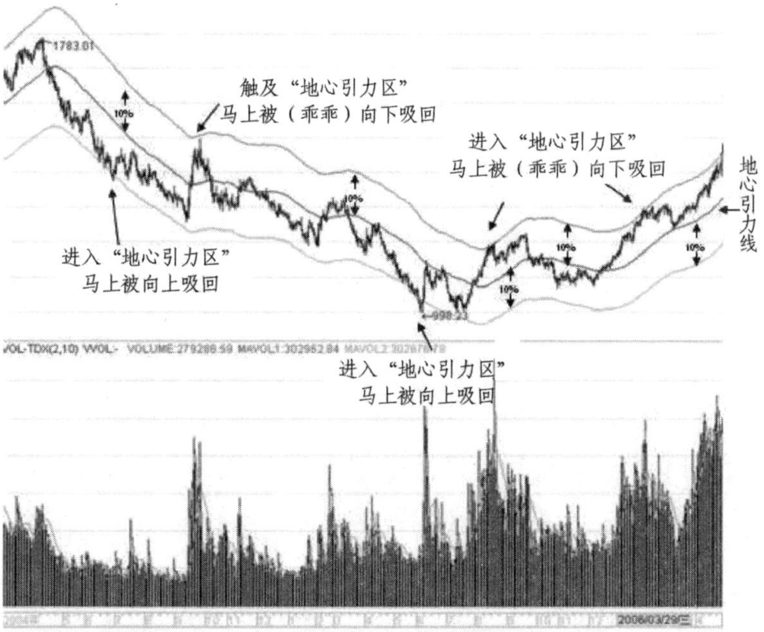

说明：2004 年 4 月到 2005 年 11 月期间，可以清晰地看到“地心引力”的神奇魅力。指数只要一进入“地心引力区”，马上就乖乖被向上吸回。

往后的日子证明，指数绝大部分时间都会“乖乖”在地心引力线所“管辖”的上下10%范围内起起伏伏，很少胆敢越过雷池一步，简直好比地球永远是绕着太阳运转一样。

但请特别注意，**如果指数不但远远越出了上方轨道，且逗留在“外太空”的时间超过10个交易日以上，这往往是大牛市行情来临的先兆，投资人有福了！**

有一次指数曾创下出轨了整整27天才被**地心引力**吸回的记录，而后股市果真形成超级牛市。至此，投资人对**“立阳地心引力指标”**，也就完完全全地信服了。

以往电脑并不普遍，若想计算30日的移动平均值，就必须每天剔掉最前面一天的指数，再加上当天的最新数字，将连续30天来的指数加总之后除以30就是答案。现在，将电脑设定，每天以现成的30日以及72日移动平均值“加起来除以2”，就能知道地心引力线的最新位置了。

另外，地心引力线也是大盘的趋势线。假若地心引力线数值持续递增，会表示大盘仍是处在多方区域。但如果这个数值出现了翻转递减现象，从递减的第一天开始，大盘已经转为偏空的下滑走势，非常灵验。当大盘又由上档“地心引力区”拉回时，它将成为初期支撑线；当大盘由底部向上吸回的时候，它则将成为暂时的阻力线。

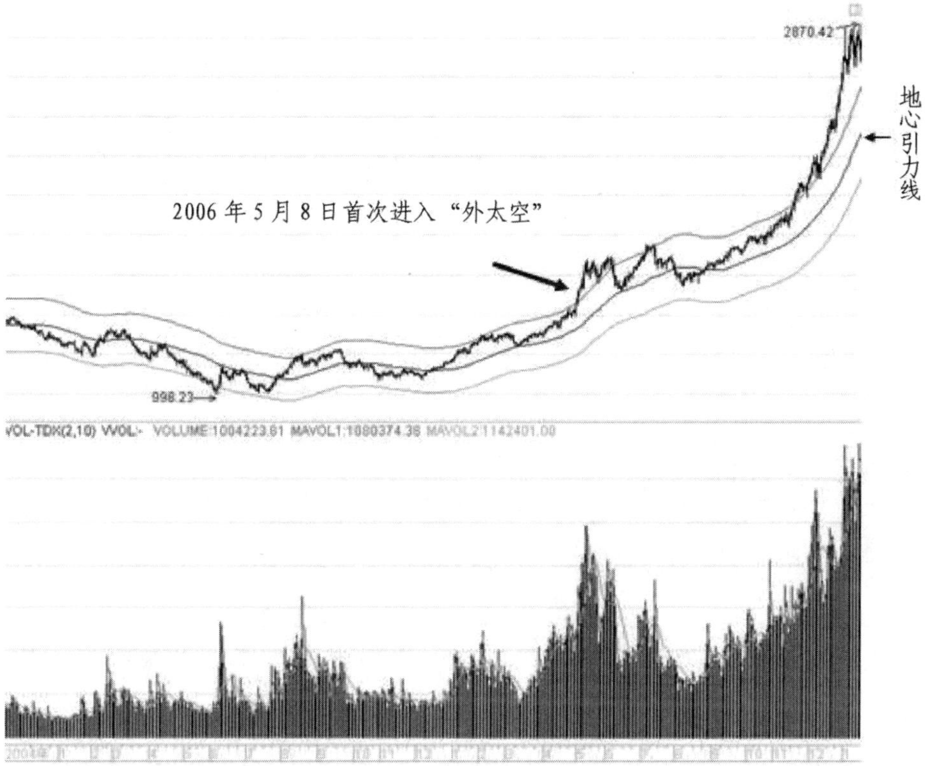

说明：上证指数在经历了长达5年的熊市后，2006年5月8日指数向上冲进了10%的“地心引力区”，进入“外太空区”长达20天之久，其后果然形成了一波前所未有的大牛市行情。

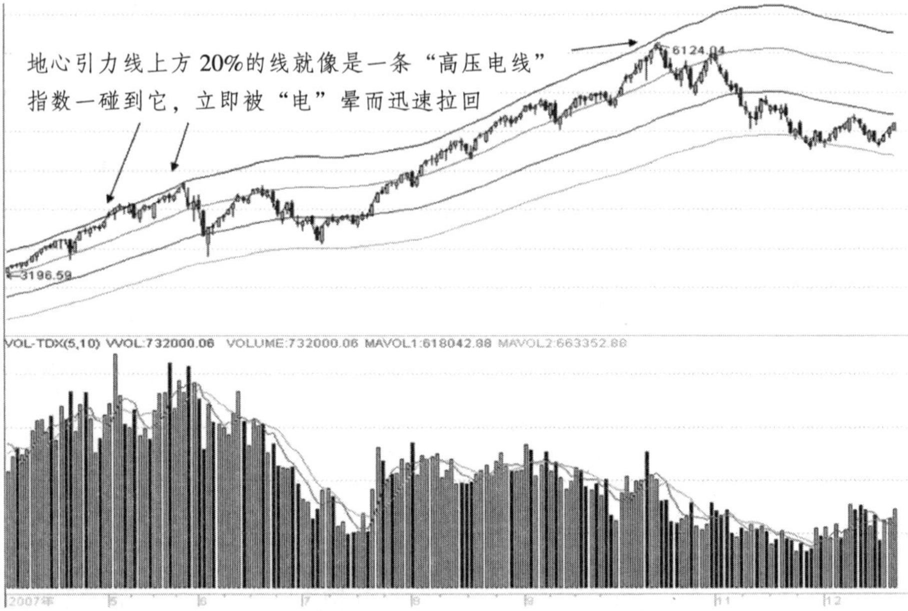

说明：2007 年以来，沪深股市一直在超级大牛市行情里面，所以指数常常跑到外太空去玩耍，但是，地心引力线上方 20% 那条线仍然像是一条“高压电线”，指数碰到它立即被“电”晕而迅速拉回了。至于地心引力线下方 10% 的那条线（地心引力区）则是准确无比，指数只要触及或接近它，立即被向上吸回。请注意，遇上行情长期低迷不振，指数也会在下方的“地心引力区”逗留好几天，但这并非常态，停得越久，会蓄积更强劲的反弹力道，在此顺便一提。

（第 93 ~95 招股价技术图形及“说明”由胡震生提供）

第 96 招

当个股遇上“地心引力”

投资人问：

我真的相信股市中一定也存在着“地心引力”，只是不知道胡老师的这个发现对个股是否一样适用？个股不是有很多大户和庄家在影响吗？最近行情下滑，我正急着想捡个便宜，买点股票。

的确，有太多人为因素会造成个股异常波动，而有“脱轨”的演出。因此，我仍在努力找出地心引力线与个股成交量之间的互动关系，来判断股价的上下转折点。

现在，你既然急着想在低点买进股票，我就先提供你救急的一招吧！

还记得我说过的“春江水暖量先知”吗？如果你发现个股突然在某天冒出了“**大于过去六日平均量两三倍左右的量**”，同时股价收红，已经告诉你，可能发现了一只马上就要飙升的股票。那么，再加上“**立阳地心引力指标**”的辅助，更是令人信心大增。

好的，个股只要符合下述三个条件，那么它们飙升的概率高于八成：

（1）股价在下跌一段时间之后，已落入地心引力线下方10%的“地心引力区”

（2）成交量已出现明显缩量状况（如能出现“干旱”状况，则更是极品）

（3）当日冒出了大于过去6日平均量两三倍左右的成交量，股价又收红

想想看，在“地心引力区”是超跌区域，在股价几乎都躺平了的时候，竟还突然冒出了大量，这难道会是散户的杰作？别开玩笑了！

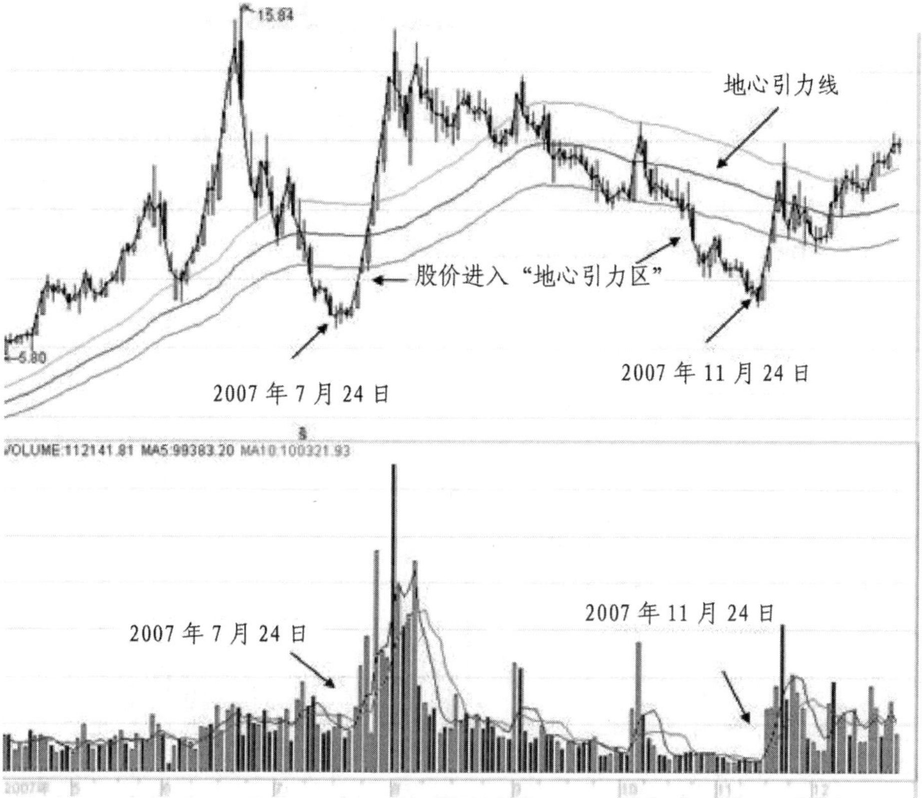

说明：这只股票的图形是最好的例子。2007 年 7 月 24 日，股价一路下跌进入了地心引力线下方 10% 的“地心引力区”，成交量突然冒出了大于6 日均量 2 倍以上的成交量，股价接着便像坐上了火箭，一路猛冲直上。2007 年 11 月 24 日，股价一路下跌，再次进入了地心引力线下方 10% 的“地心引力区”，成交量又冒出大于6 日均量 2 倍以上的成交量，股价再次展开新的一轮攻势。

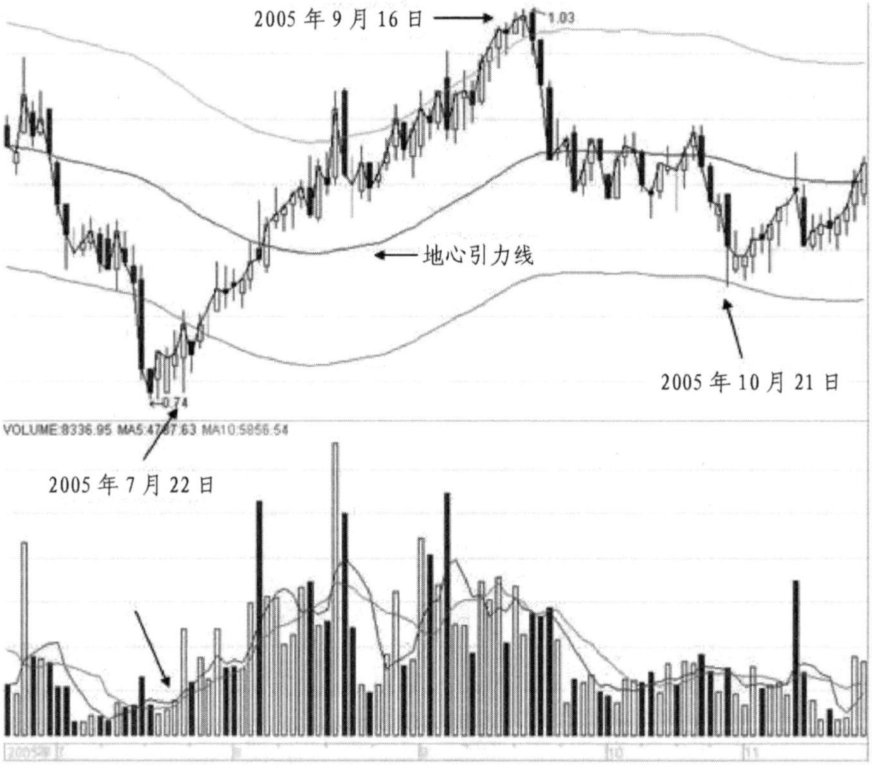

说明：这只股票也是典型的例子，可以一次感受到“地心引力”和量能潮的“十日理论”的魅力。2005年7月22日股价经过暴跌后跌到了地心引力线下方10%的“地心引力区”，成交量冒出了大于6日均量2倍以上的成交量，股价接着便一路猛冲直上，再仔细看日后股价一路上都在挑战地心引力线上方10%的高压电线，最后它在9月16日终于被电昏了。股价拉回后，地心引力线又扮演了接近一个月左右的支撑角色。支撑跌破后，股价又在10月21日的盘中触到下方的高压电线，立即向上缩脚，留下了长长的下影线，自此以后股价便不断力争上游。由此说明，个股在很多情况下，地心引力线上下10%的“地心引力区”还是有某种程度的牵制作用。

（股价技术图形及“说明”由胡震生提供）

第 97 招

“股指期货”与“衍生性金融商品”(上)

投资人问：

胡老师，我是一个老股民，已经投身股市十几年了。我上次到中国香港出差，看到杂志上报道“衍生性金融商品”正在全球流行，其中又提到股指期货、股票选择权和认股权证，它们到底是什么呢？我很想学习一下。

所谓“衍生性金融商品”指的不是单一产品，举凡所有证券化的金融商品以及借由股价涨跌为基础来演变发明的周边投资工具都是，目的当然就在吸引更多投资大众参与，进而为金融机构广进财源。在这些五花八门的投资工具中，股指期货（Index Future）与股票选择权（Stock Option）是最刺激且最受欢迎的两大产品。原因是，假若买对了，可以有“本小利大”的收获，相当迷人！

这两大产品由于都仅是买进一纸代表“未来希望”的契约，常有人将它们归纳为“买空卖空”的投机工具。其实根据我过去的实务经验，如果懂得操作，它们也能发挥避险的功能。

我还在美国读大学时便已对**衍生性金融商品**这门课程产生了浓厚的兴趣，在积极研究下，也促成日后在证券界一再应邀参与这类投资工具的研发与行销。

“**选择权**”是“**衍生性金融商品**”的鼻祖。因此，只要了解它的交易动机与原理，便能举一反三地对其他同类产品触类旁通。

远在300多年前的荷兰，已经出现了最原始的选择权交易。当时种植郁金香的花农必须仰赖构造简陋的船只运送花苞至各地的花商分销，但受气候影响，海难频传。花农事先虽已投保，但对日后补运的花苞在价格波动风险上则完全无法掌控。花农之间于是相互订约，任何一方支付一笔权利金，对方则必须于限期之内随时依约定价格、数量提供花苞，如此交易，能皆大欢喜。你看，选择权与日后形成的期货交易根本就是同胞兄弟啊！

如果将当时的花苞改变为现代的石油，那么你就更会明白选择权或是期货交易所扮演的重要角色了。假若数以万计每天直接须依靠提炼石油来生产周边产品的制造商不能透过契约行为来确定石油价格，那他们要如何为自己的产品定价？这些人需要避险工具！而石油供应商能源源不断收取权利金也可以降低持货风险与成本，何乐而不为呢？

最后，再举一个华尔街股票选择权的实例，你就会完全懂了！

假设你对一只价位在50元的个股情有独钟，认为它有潜力在3个月之内涨到60元，那么与其花大笔钱买进股票，你可以只花点小钱，透过选择权交易来锁定心目中理想的买点。

该怎么做呢？你可以自选数量（一纸选择权合约即代表100股股票），买进3个月后（选择权的发行是以每3个月为一期，通常最长可发行至9个月）到期的这只个股标明以50元（通常每隔5元都设定有标的价）为标的价的选择权。至于价格（权利金）呢？依我的经验，个股在市面上价位若正好是50元左右，那么还有3个月到期，以50元为标的价的选择权，买方每股须付出大约市值5%～10%，也就是顶多5元的时间价格权利金（Time Value）。当然，标的股若是热门飙股，时间价值自然较贵。

一旦付出了每股5元的权利金，买方就立刻拥有在3个月之内随时以每股50元的价格买进这只个股的权利。而手中持有股票又收取了权利金的卖方则有义务准备在到期日接受买方提出以每股50元转移持股的要求。

3个月一晃而过，选择权终于到期了，你可真幸运，心爱的个股非常争气，果然来到了60元。由于选择权契约上言明买方可以每股50元买进，那么权利金便自动水涨船高，每股价值10元（60元减50元）。当初每股投资5元，现在回收10元，投资报酬率是一倍，也就是100%！如果你买的不是选择权而是直接买进了股票，报酬率就会是20%（以市价50元买进，每股赚10元）！

同样的一只股票，同样的上涨幅度，只因投资金额的大小而出现了这样悬殊的报酬率，这就是选择权交易所能发挥的“杠杆效益”。当然，投资人应先有心理准备，万一股价落在50元之下，那么付出的每股5元权利金就泡汤了，这就是风险！

理想的投资组合要面面俱到

第 98 招

“股指期货”与“衍生性金融商品”（下）

了解了“**股票选择权**”，你也同时懂得了另一项相类似的投资工具——“**认股权证**”（Warrant）。因为，“**认股权证**”就是“长期”的股票选择权！“认股权证”的到期时间通常都是在一年以上！

近年来，不少新兴市场证券金融机构在海外纷纷发行“认股权证”，大玩股票选择权交易游戏。他们从发行单一个股到包含许多个股在内一起计算的所谓“整篮子”认股权证，真是不一而足且花样百出，至于到期时间虽大致都是一年，但发行单位必须于合约途中随时持有现股，以应付投资人可能的兑换要求。

因此，这种游戏对股市所产生的影响来了：当金融机构发行“股票选择权”时，他们必须由市场中买进符合权证换算数量的标的股，因而造成该股股价大涨，水确能载舟！但等到合约期满或是股价市价远低于标的价时，既然没有了被要求兑换的可能，为了降低持股风险，他们手中的股票又会倾巢而出，造成股价崩跌，水也能覆舟！

“股票选择权”这个本意颇佳的投资工具在许多新兴股市中仍处萌芽阶段，又在透明化不足的情况下，万一未来发行机构因良莠不齐而出现了手中持股不足的“大冒险家”时，的确会对行情造成波动！

既然如此，今后对于一些常被“选择权”发行机构选中的大型股似乎要重新制定操作策略，那就是：当它们一路上涨时，或许可以继续搭上法人的顺风车，别急着卖；一旦开始出现疲态，要提高警觉，短线少碰为妙。

至于“**股指期货**”呢？由于它在盘中能及时反映投资人对短线行情的预期，因此，即使是只玩股票的人，也可以加以参考。

我的心得是，在没有实质利空或利多情况下，当股指期货远高于现货（实际指数），也就是出现了 1% 以上的大幅“正价差”（若指数为 5000 点，则在 50 点以上），代表市场普遍看多，那么，反而要留意指数随时会发生暴跌，这就是股市中典型的“**物极必反**”现象。同理，当市场一片悲观，期指“逆价差”越拉越大时，行情出现“**否极泰来**”的大涨机会就悄悄来临了。

好的，既然想玩输赢立见、风险极高的股指期货，就须认真学习“**人弃我取**”的操作技巧，并确实遵守“**与大多数人背道而驰**”的投资铁律！

第 99 招

股票投资最高技巧——农夫播种术

投资人问：

我是您在河南的粉丝，自从那次在《上海理财周刊》及《大河报》合办的理财讲座上听了您的演说后，我就决定认真地追随您学习。老实说，那次听您的演讲，原本只是想去凑个热闹，打发打发时间，可真没想到结果是从头到尾不但急着做笔记，就连想去上厕所的时间都没有呢！其实——我想偷偷问，在您这么多精彩的股票实战技巧中如果只能选一招，您认为最无敌的会是哪一招呢？

对不起！股市中并没有能完全面面俱到的一招！并且再提醒大家，绝对要有风险概念。在我介绍“农夫播种术”之前，必须先申明，它只是《胡立阳股票投资 100 招》中的一招而已，同样不可能适用于每一种状况或是每一个人。要与其他 99 招相互运用，并且永远记得，投资股票的最大目的是在——增加生活的情趣！

在一路涨升的行情中，每天都有新手跃跃欲试地也想搭上发财列车。但就在临进场之前，他们又会犹豫不决地问我：“股市现在会不会是在高档？牛市还能持续多久呢？万一买错了怎么办？”指数在 2000 点时会这么问，而在 5000 点时更是紧张。

我可以了解大家担心进场时买贵了，但是除此之外，股市每天还有太多会影响股价的消息，投资人是很难掌握的。如果手中没有一套攻防战法，只是消极的逆来顺受随着各种消息面起舞，那么，这支舞一旦踩错了节奏、跨出错误的一步后，就会乱成一团，进退不得。

依循**农夫播种术**，则可让你每次买卖进退有序，而且买错了，常只小赔；而押对了宝，则可大赚。现在，就让我来教你吧！

首先，我要建议大家，一开始只能跨出一小步，哪怕是只买一手都可以。但你只要踩对了脚步，特别是在牛市中，由这小小的一手开始，一步一步地会带给你意想不到的惊喜。很神奇，是吗？游戏开始了！

买进这一手股票之后，你必须严格遵守下面两项原则：

（1）先定下“3%”的止损点

若不巧在一开始就遇上股价下挫超过3%，要毫不犹豫地执行止损，游戏也立即中止。宁愿接着就再换一只新的股票试试，绝不能因舍不得卖而违背了“小赔”的原则。

（2）设下“3%”的持续加码点与减码点

遇到股价上涨，以买进的最后一手价格为准，每向上涨过3%（以每日收盘价为准），第二天一开盘就以市价再加码一手，如此持续不断。

至于卖出呢？只要最后交易那一手的股价一旦跌过3%，第二天便依规定减码一手，同样遵守机械式操作的原则，不可自作主张。

任何人能够持之以恒地照着这个简单的方法去做，只要选中了一只好股，不出一年半载，就会看到亮丽的成绩。

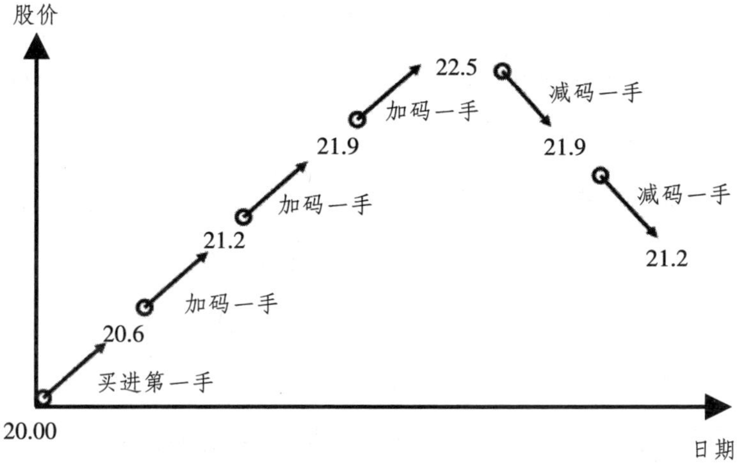

说明：股票投资制胜的最大关键就是要做到“大赚小赔”，尤其当选中了一只好股，一定要将“大赚”发扬光大至极限。

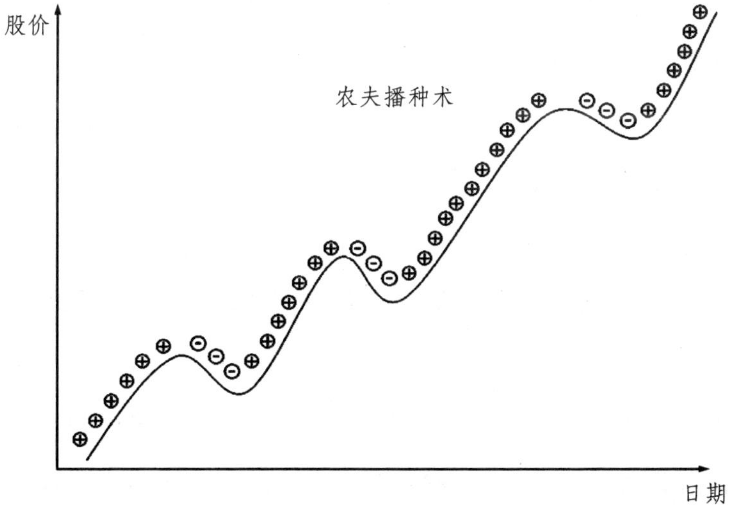

说明：一只真正的好股票，走势一定是呈现大涨小回的上升锯齿状图形，在一连串的“加一手”“减一手”之后，假设股价由20元涨到60元，手中的持股由1手累积到20~30手是极为平常的状况。这就是“农夫播种术”能将“大赚”发扬光大的奥妙所在。

在最近全球的牛市中，有好多来自各地的投资朋友，就是在运用**农夫播种术**之后才欣喜地发现，原来在股市中也可以轻轻松松地赚钱。更有许多位在股市中“混”了很久，却一直都搞不出什么名堂的老手，终于觉悟，过去在股市中自以为是地判断该进该出，根本是在和自己开玩笑，而让股价的实际表现来机械式地买卖，就好比是装上了“卫星导航”系统，以后再也不会迷失方向了。不相信是吗？且听我解释！

绝大多数的人一买进股票都舍不得在赔钱时卖出，总是怀着希望认为股价会再涨回来。只可惜**股市是很残酷的，它往往不会让一个迷失了路的人很快的找到出口**。于是，投资人已经踏出了错误的第一步。紧接着错误又来了，好不容易才选中了一只会赚钱的股票，结果才涨个两三块钱就等不及地拱手送给别人去了。

你若运用我所建议的操作方法之后，即使一开始就买错了，顶多只赔个一两百块就出场了，永远不会是个每天在仰天长叹的“套牢族”！但如果是买对了，哪怕是买 10 次才遇上一次，而你的好运也就跟着来了！

举例来说，在过去的几年中，有许多股票是由 10 元一口气涨到 30 元、40 元的，一开始即使只是以买进 1 手为单位，但在每涨 3% 就加码 1 手，而每跌 3% 则减少 1 手的操作之下，**由于好股票总是大涨小回，涨多跌少，手中持股自然一路大增小减，**只需几个月的时间，便可能已累积到 30 手以上，一下子就可以大赚一笔，既轻松又愉快！这就是“将获利发扬光大”！

想想看，如果正确挑中了一只涨个 5 倍、10 倍的个股，你可以赚进了多少？恐怕连计算机都不够用了！

常有人问，如果手中持股已累积不少，会开始有点紧张，为保存战果，有何妙方？当初在华尔街，我的一位同事认为，遇上加码时仍可维持一次 1 手，但减码时，可以加快速度一次卖出 3 手。

“进一退三”的确是一个安全的做法，但请记得，别像以往一样总是自己吓自己地把一只可以赚大钱的股票，又轻易地给卖光光了。

这种进出方式不但不会犯下“正常”人总是留下满手的“烂股票”，而丢掉所有“好股票”的错误，更还能“自动”增加手中好股票的数量，那你岂不是已经摇身一变，成为在股市中能够赚钱的“不正常”人了。

最后，你或许会好奇，反正一开始只是小买，因此，可以一次同时买它个十几只个股，这么一来遇到一只飙涨股的概率相对增加，游戏肯定就会很精彩了吧？答案是：一点都不错，你已经够资格进高级班了。

我当年看到一位老花农在培育种苗时，会把不发芽的种子丢掉而留下开花的那一颗，这种**汰弱留强**的做法给了我发明农夫播种术的灵感。

买卖股票其实就像农夫播种子，一开始我们真是不知道哪一颗种子会先发芽？又怎么会知道哪一颗种子根本是坏的？但知道了答案以后，就要放弃那颗不发芽的，而多去灌溉不断成长的那颗。

你们都明白了吗？

胡老师这招在别的书本上是找不到的

第100招

如何应用农夫播种术

投资人问：

最近在《财富非常道》的节目中看到“农夫播种术”之后，立即与同事们一起开始认真学习。3个月操作下来的心得：我终于在茫茫股海中找到了方向！以前我总是像只无头苍蝇，现在再也不会了！感谢之余仍想请教，一般投资人大都是以几手为进出的基本单位呢？一开始应限定投入多少比例的资金比较恰当？

我一直认为，在崎岖难行的投资路途中，要如何才能趋吉避凶是一门大家必须正视的课题，而**“农夫播种术”**正是我针对这项要求，不得不绞尽了脑汁才创造出来的投资小秘方，很高兴有机会与各位分享！

现在，我将过去在各地演讲时，听众朋友们最常问的相关问题整理之后，分为八项回答如下：

（1）买进卖出是否都是以“一手”为单位

当然不是！可依个人经济能力自定。但我强调，由于一开始并不知道哪只个股才是正确的选择，“少量”才能“多样”。事实上，我的大多数朋友们都是以“二手”或是“三手”来出发。再次提醒，“手数”决定之后，中途切不可随意更改，以防头重脚轻，破坏了成本结构。

（2）一开始应投入的资金比例为何

我建议一开始不要超过个人投资股票预算总金额的25%！毕竟，你总不会希望“**挑中了一只好股票却无钱加码**”的窘况发生吧。

（3）每次加减码的幅度为什么一定要设定在3%？改成6%不行吗

不行！经过长期测试，只有3%才能产生最佳效果。原因如下：若设定为1%或2%时，因涨跌幅太小，无法作为明确判断行情方向的依据。若设定为6%，遇上好股易丧失“及时介入”的先机。而股价下跌时，则缺乏“及时出货”的灵活度。

（4）最近买进的个股老是一买就跌，或是不动如山，是不是要不停地换股操作

答对了！老是出现一买就跌，有可能是行情生变的前兆，当然是要止损！碰上一直原地踏步的个股，有可能不是理想的“舞伴”，当然可以换个对象！

（5）股价在盘中若已达3%的涨跌幅，可否先行下单以防第二天才去追高、杀低

万万不可！股价经常“高开低走”或是“低开高走”。因此，每天的收盘价才是决定第二天一开盘是否应加减码的依据。

（6）遇上涨停、跌停而没法进出怎么办

没有办法！不过，以长期来看，狂涨、暴跌的次数相对有限。再者，由于每笔进出建议只设定在1手、2手，一两天的买不进或卖不出，不会影响长期大局，请不要“因噎废食”了。

（7）选中的是一只蜗牛股，每天都只涨一点点，等了好多天才累积到3%，同样可以执行加码动作吗

没错！以最后加、减码的那一天价位为准，只要涨跌幅累积又到达3%，隔天就要继续执行加、减码。

（8）买到一只飙股，一年来手中已累积到“天文数字”的持股，赚太多了也会开始发抖，是否可以全部落袋为安

恭喜你！运用“**农夫播种术**”，只要挑中一只好股，绝对可将获利发扬光大。你的成绩已让我感到万分的欣慰，当然不会反对你“留点钱给别人赚”的想法了！

跋：真诚的祝福

不知不觉中，竟然已经说完了100招，相信大家也已经开始摩拳擦掌，准备上场一显身手了！我认为，**“买进靠机会，卖出靠智慧”**，投资朋友们可以依照个人状况，由100招中挑选出最适合自己的投资方式。

此外，我必须强调，股票涨跌的预测绝对没有一个万灵的招数或是一个死板的公式套入计算，便可求出永远标准的答案。因为股市不但千变万化，而且时常“不按牌理出牌”。所以有人说，股票的变化是一门令人难以捉摸的抽象艺术。

正因为如此，千万记得，别把赚钱当成买卖股票的唯一目的，这样将带给你焦躁和不安。你应将买卖股票比作探宝和游戏，这样将带给你新奇和趣味。

好的，就祝大家都能成为快快乐乐的投资人！